Anita Jüntschke

Im Chaos bin ich der King!

Anita Jüntschke

Im Chaos bin ich der King!

Überlebenstraining für Messie-Männer

Brendow.
VERLAG + MEDIEN

Die Deutsche Bibliothek – CIP-Einheitsaufnahme
Ein Titeldatensatz für diese Publikation ist bei
Der Deutschen Bibliothek erhältlich.

© 2001 by Brendow Verlag, D-47443 Moers
Einbandgestaltung: Georg Design, Münster
Illustrationen: Knut Thomas Adler
Satz: AbSatz, Klein Nordende
ISBN 3-87067-887-9

INHALT

Vorwort für Männer

An einem lauen Sommertag im Jahr 2000 stand ich spätabends am offenen Fenster und schaute fasziniert zum Nachthimmel hoch, an dem ein wunderschöner Vollmond thronte. Nach einigen Minuten wurde ich durch lautes Geschirrgeklapper aus dem Nachbarhaus abgelenkt. Durch ein offenes Küchenfenster sah und hörte ich einen Mann, der gerade dabei war, seinen Abwasch zu erledigen. Ich sah diesem Fremden unbemerkt eine Weile bei seiner Küchenarbeit zu. Dieser Mann strahlte so eine Gelassenheit aus, sein Tun hatte nichts Verbissenes, Genervtes oder Hektisches an sich. Zum Ende seiner Arbeit hängte er ordentlich das nasse Geschirrtuch hin, prüfte mit einem letzten Rundumblick den Zustand seiner Küche, löschte das Licht und verließ den Raum. Gedankenverloren blickte ich wieder zum Vollmond hinauf ... Plötzlich fiel mir wieder ein Satz ein, den ich vor längerem von einem Mann zu hören bekam: „Ich habe Angst, mich neu zu verlieben!" Jener Mann dachte nämlich an seine chaotische Wohnung, in der er seit Jahren keinen einzigen Besucher mehr empfangen hatte. In besagter Wohnung stolperte man bereits im Flur über Kartons und Tüten, vollgestopft mit allerhand Zeugs. Im Wohnzimmer waren Tische, Stühle, Sofa und Fensterbänke belegt mit Zeitschriften, Büchern, Nippes und leeren Coladosen. In der Küche stapelte sich das ungespülte Geschirr, Essensreste sowie Verpackungsmüll ragten dazwischen hervor. Im Schlafzimmer lagen auf Bett, Kommode und Fußboden verteilt überall Kleidungsstücke, der Schreibtisch in der Ecke versank unter Papierbergen, nicht bezahlten Rechnungen und Dutzenden von hingekritzelten Notizen. Das Badezimmer bedurfte einer dringenden Putzaktion.
Der Mann, der in dieser Wohnung lebte, war ein so genannter MESSIE (vom engl. „mess" = Durcheinander, Unordnung, Chaos) ...

Dieser Mann hatte aber zum Glück von der Messie-Bewegung gehört. Er hatte in seiner Stadt die Chance, sich mit anderen Messies zu treffen. Er hatte Hoffnung auf ein gutes Ziel hin.

Ich grübelte an jenem Sommerabend noch weiter und fragte mich selbst: Was machen eigentlich all die Männer, in deren Wohnort es weder Seminare noch eine Gruppe für Messies gibt? Was ist mit denen, die es aus beruflichen Gründen nicht wagen, sich zu „outen", oder sich aus privaten Gründen nicht „outen" möchten? Oder die Männer, die aufgrund ihres Jobs absolut keine Zeit für eine Messiegruppe finden? Und dann noch diejenigen, die sich als Mann von den bisherigen Messie-Büchern nicht angesprochen fühlen?

Letztlich wurde die Idee zu dem vorliegenden Buch in jener sommerlichen Vollmondnacht geboren ...

Die Entstehungsgeschichte dieses Buches ist ein Kapitel für sich. Eine Messie-Frau schreibt ein Buch für Messie-Männer! Ich sage Ihnen, das war ungefähr so aufregend wie eine Achterbahnfahrt mit drei Loopings. Sollte ich demnächst die ersten grauen Haare auf meinem Kopf entdecken, weiß ich definitiv, wo die herkommen! Vor allem die Auswahl der Inhalte war für mich eines der größeren Dramen rund um dieses Buch ... Es war die Qual der Wahl! Was schließlich daraus geworden ist, möchte ich Ihnen anhand eines Bildes erklären.

Stellen Sie sich vor, Sie sind zusammen mit anderen Männern zu einem Essen eingeladen worden. Im Speisesaal steht ein großes, reichhaltiges Buffet. Was wird geschehen? Der Fischliebhaber wird sich vermutlich auf die Platten mit dem Räucherfisch stürzen. Der Vegetarier wird am Buffet entlanggehen und gezielt die vegetarischen Speisen heraussuchen. Der Nächste kommt mit knurrendem Magen an und sucht zuerst nach einer warmen Speise mit Fleischbeilage. Dann gibt es da noch die Süßmäuler, die am liebsten gleich mit den Desserts beginnen würden. Und die ganz schlauen Gäste machen das wie folgt: Sie legen von jeder Speise einen kleinen Happen auf ihren Teller und sitzen nach drei Durchgängen gesättigt und zufrieden grinsend am Tisch.

Ich als die Gastgeberin, um im Bild zu bleiben, habe vor allem eine Hoffnung: Für jeden Gast soll genug zu essen da sein. Und jeder möge etwas Leckeres nach seinem Gusto auf dem Buffet vorfinden. Ich muss damit leben, dass der eine Gast gern noch mehr Fleischsorten im Angebot hätte. Das Süßmaul würde wahnsinnig gern Götterspeise essen, aber ausgerechnet die fehlt. Und der Fischfreund sucht vergeblich nach Schillerlocken.

Sie verstehen die Botschaft! Es mag zutreffen, dass ausgerechnet *Sie* zu dem einen Thema mehr wissen möchten. Oder ein anderes Thema in diesem Buch gar nicht entdecken.

Betrachten Sie das vorliegende Buch bitte als Einstieg in das Thema „Messie-Männer" und nicht als ein allumfassendes Nachschlagewerk. (Ich weiß, wir Messies haben alle mit unserem Perfektionismus zu kämpfen.)

Halten Sie es mit diesem Buch bitte wie mit dem Buffet: Schnappen Sie sich bitte Ihren Teller (= Ihren Schreibblock) sowie Ihr Besteck (= Ihren Stift), gehen Sie am Buffet entlang (= arbeiten Sie die einzelnen Kapitel durch), und picken Sie sich heraus, was Ihre Augen besonders lockt (= was Sie ganz persönlich anspricht) oder wonach Ihr knurrender Magen besonders verlangt (= welche Themen Sie besonders nötig haben).

Haben Sie es schon jemals geschafft, bei einem Buffet alles zu essen?! Keine Bange, satt werden Sie bestimmt. Es ist genug zu essen da und selbst für die Spezies des „Nimmersatt" ist im Anhang gesorgt!

Bei einem üppigen Buffet ist die eine oder andere kleine Pause ganz angebracht, soll heißen: Kommen Sie keinesfalls auf die Idee, das Buch in einem Rutsch durchlesen zu wollen. Gönnen Sie sich hin und wieder eine Lesepause, um die Inhalte besser verdauen zu können. Besonders die Kapitel 2 bis 5 sollten Sie in Ruhe und mit zeitlichem Abstand lesen.

Wann immer Sie beim Lesen des Buches das Gefühl haben, ich würde mit erhobenem Zeigefinger auf Sie zeigen, seien Sie sich sicher: Ich bin mir sehr bewusst, dass dabei gleichzeitig drei Finger auf mich zeigen! Ich betrachte mich nicht nur als Lehrende, sondern auch als Lernende, genau wie Sie ein Lernender sind. Die „Meisterprüfung" in guter Lebensführung habe ich auch noch nicht geschafft, höchstens die „Gesellenprüfung" ... Meine Eröffnungsrede ist endlich beendet. Sie sind hungrig. Also: Das Messie-Buffet ist hiermit eröffnet! Guten Appetit!

Um die Anonymität der Interview-Partner sowie der Männer aus den Fallbeispielen zu wahren, wurden die persönlichen Lebensdaten der Personen leicht verändert sowie andere Namen gewählt.

Vorwort für Frauen

Nanu! Sie halten dieses Buch in der Hand und sind eine Frau? Warum haben Sie zu diesem Buch gegriffen und lesen jetzt diese Seite?

Hypothese Nr. 1: Sie stehen gerade in einer Buchhandlung und wollen für sich selbst ein Buch über MESSIES kaufen. Dieses hier steht momentan als einziges zu dem Thema im Regal. Sie sollten wissen, es gibt seit Jahren mehrere Titel zum Thema MESSIES von Sandra Felton, die vor allem für Messie-Frauen geschrieben worden sind. Fragen Sie im Buchladen nach.

Hypothese Nr. 2: Ihnen ist das Thema MESSIES bereits vertraut, Sie sind sogar Mitglied in einer Messie-Selbsthilfegruppe und werfen aus purer Neugier einen Blick in dieses Buch. Sie werden beim Querlesen schnell feststellen, dass Frauen hier nur eine kleine „Nebenrolle" einnehmen. Verzeihen Sie mir! Aber diesmal sind halt die Männer dran! Bitte weisen Sie die Männer in Ihrer Gruppe auf diesen Titel hin.

Hypothese Nr. 3: Sie kennen einen Messie-Mann, der Ihnen nicht sehr nahe steht, dem Sie aber mittels des Buches gern helfen möchten (Ihr Kollege, Ihr Nachbar, Ihr Bekannter, Ihr Cousin). Mein Vorschlag: Schreiben Sie eine nette Karte, drücken Sie darin Ihre Wertschätzung und Sympathie für diesen Mann aus und überreichen Sie das Buch eingepackt (für Umstehende also unkenntlich) in einem Moment, wo Sie freundlich lächelnd jenem Mann gegenüberstehen können. Eine kurze Umarmung, ein aufmunterndes Auf-die-Schulter-Klopfen oder In-die-Seite-Boxen ist auf jeden Fall besser als ein „Mit-ernster-Miene-den-armen-Kerl-bedrängen-Wollen".

Hypothese Nr. 4: Sie sind die besorgte Angehörige von einem Messie (Ehemann, Vater, Sohn, Bruder). Ihre Beziehung steht auf einer liebevollen Basis. Der Mann, dem Ihre Sorge gilt, weiß, wie sehr er Ihnen am Herzen liegt. Mit einer freundlichen, liebevollen Geste das Buch zu überreichen kann ein echter „Türöffner" sein. Und falls Sie nicht im gleichen Haushalt leben: Sie könnten das Buch doch mit einer nett geschriebenen Grußkarte zusenden. Fragen Sie bloß nicht ständig nach: „Na, hast du das Buch schon angefangen?" Männer, die bedrängt werden, reagieren oftmals mit Blockaden, Verweigerung, Trotz.

Hypothese Nr. 5: Sie sind die verbitterte, wütende, resignierte Partnerin von einem Messie-Mann, dessen Chaos Sie seit Jahren im gemeinsamen Haushalt ertragen müssen. Die Basis Ihrer Beziehung hat dadurch bereits ernsthaft Schaden genommen. Womöglich betrachten Sie das Buch als den letzten Strohhalm, der Ihren Partner umkrempeln soll. In dieser Ausgangssituation ist erst recht allergrößte Vorsicht geboten! Es kommt sehr darauf an, mit welcher Geste Sie das Buch überreichen. Geschieht es mit verletzter Miene und womöglich der Drohung: „Lies das jetzt! Ändere dich! Oder ich pack meine Koffer!", ist die Chance fast null, dass er auch nur eine Seite liest. Da habe ich eine für Sie vielleicht merkwürdige Idee: Sie kaufen noch Sandra Feltons Buch „Lass uns das Chaos überleben!", legen beide Bücher zusammen eingepackt auf sein Bett. Dazu legen Sie eine Grußkarte. Auf der Karte steht: „Mein Lieber. Du solltest wissen, dass ich dich noch immer sehr lieb habe. Ich schlage vor, wir zwei lesen gleichzeitig. Ich lese das Buch für die Angehörigen und du liest das Buch für die Messie-Männer. Ist das okay?"
Wenn Sie Ihren Messie-Partner jedoch nicht mehr „sehr lieb" haben, wenn Sie nur noch wütend und frustriert sind, brauchen Sie für sich selbst erst einmal Hilfe. Gibt es eine Person Ihres Vertrauens, bei der Sie sich aussprechen können? Die Ihnen bei der Entscheidungsfindung hilft, wie es mit Ihrer Partnerschaft weitergehen soll? Das Buch für die Angehörigen der Messies

könnte eine Stütze für Sie sein, falls Sie keine Person finden, mit der Sie Ihr Problem besprechen können.

Sicher ist: Ihr Partner spürt genau, wie Ihre Grundeinstellung zu ihm ist. Und wenn gegenseitige Wertschätzung und Respekt verloren gegangen sind, wird er von Ihnen voraussichtlich auch kein Buch annehmen wollen.

Verzeihen Sie, dass ich auf Ihre Problematik nur mit ein paar Worten eingehen konnte. Ich wünsche Ihnen von Herzen, dass sich Ihre Situation daheim zum Guten wenden kann!

IM CHAOS ZU HAUSE

Kapitel 1

Millionen Messie-Männer

1/1 Chaos, Ordnung, Schlamper, Messies

Was sind denn „Messies"?
Es begann alles mit einem defekten Wasserrohr ... in der Küche
einer Frau, in deren Haus das Chaos tobte. Seit 23 Jahren tobte
das Chaos bereits. Diese Frau hatte unter der Spüle Stöße von
Zeitungen gestapelt, „für alle Fälle". Eine undichte Stelle in der
Wasserleitung wurde nicht bemerkt und vergrößerte sich nur
langsam. Die Zeitungen sogen brav das Wasser auf und der
Schrank unter der Spüle fing an zu modern. Das Ende vom Lied
war eine notwendige Komplettrenovierung der Küche. Die Frau,
von der hier die Rede ist, heißt Sandra Felton und ist die Initia-
torin der internationalen Messie-Bewegung.
Dieser eben geschilderte Tiefpunkt in ihrer Chaos-Karriere
wurde für Sandra der Wendepunkt zu einem völlig veränderten
Leben. Ihr wurde durch die Küchen-Misere plötzlich klar, in
welch unwürdige Lage sie ihr Lebensstil gebracht hatte.
Sandra Felton ist Amerikanerin, wohnhaft in Miami (Florida).
Sie hatte lange Jahre als Lehrerin für Mathematik, Englisch
und Sonderpädagogik gearbeitet. Sie hat drei erwachsene Kinder. Ihr Ehemann ist Pastor und ebenfalls ein Messie. Nun, das
Drama mit ihrer Küche veranlasste Sandra, für sich selbst ein
Programm zu entwickeln, um das Chaos ein für alle Mal zu
besiegen. Der durchschlagende Erfolg des Programms in ihrem
eigenen Zuhause gab ihr den Mut, mit einer kleinen Zei-
tungsannonce zur ersten Selbsthilfegruppe für desorganisierte
Menschen aufzurufen. Auf der Suche nach einem geeigneten
Namen für die Gruppe kam ihr irgendwann die Idee, es mit
einer lustigen Wortspielerei mit dem englischen Begriff „mess"
(Unordnung, Durcheinander) zu versuchen. Ein Glück, man
bedenke, eine Zeit lang liebäugelte sie mit dem Wort
„packrats" (zu deutsch: Packratten)! Schließlich kam es 1981
zur Gründung der ersten Gruppe der „Messies Anonymous".
Ehe Sandra sich versah, bekamen die Medien Wind davon und
stürzten sich auf dieses neue Thema. Kurz darauf flatterten

Sandra mit einem Streich 12 000 Zuschriften ins Haus! Es folgten Interviews in Funk und Fernsehen, irgendwann war das erste Buch fällig. Um die Geschichte abzukürzen: Mittlerweile zählt die amerikanische Messie-Bewegung weit über 30 000 Mitglieder.

Seit Anfang 1996 gibt es auch im deutschsprachigen Raum die „Anonymen Messies". Seit 1995 ist das Thema „Messies" ein wesentlicher Teil meines Lebens. Natürlich verfolge ich, so weit möglich und so weit ich die Infos habe, alles, was in den Medien über Messies veröffentlicht wird. Dabei ist mir immer wieder aufgefallen, dass jeder Moderator, jeder Laie es ein bisschen anders formulieren. Fakt ist, bis heute gibt es keine hochoffizielle Definition des Begriffs „Messie". So definiert es der eine vom Sinn her etwas enger, der nächste packt alles Mögliche in die Definition hinein.

Sandra Felton selbst hat es in einem ihrer Bücher so formuliert: „Ein Messie ist eine Person, deren Ordnung im Haushalt nicht dem entspricht, was in der Gesellschaft, in der die Person lebt, als annehmbar gilt, und deren haushälterische Gewohnheiten ernste Beziehungs- oder Funktionsprobleme hervorrufen."

Dr. Gisela Steins von der Uni Bielefeld hat in einem Fachartikel das Messie-Sein als „Desorganisationsproblematik" bezeichnet, was bedeute, „unter massiven Problemen mit der Organisation von Raum und Zeit zu leiden". Sicher ist nun nicht jede Person mit Zeitmanagement-Problemen gleich ein Messie. Viele Leute mit einer chaotischen Zeitplanung haben sehr wohl ihre Wohnung auf Vordermann. Nach meiner Auffassung gehören folgende Merkmale zum Begriff „Messie":

• Viele Messies schaffen es kaum oder gar nicht, ihren häuslichen Bereich so zu gestalten, dass sie ihn selbst für ordentlich und sauber halten. Sie erleben ihre Haushaltsführung als chaotisch und desorganisiert. Dennoch gibt es kleine Ausschnittsbereiche, die geradezu perfekt geordnet sind.

- Manche Messies haben eine zwanghafte Sammelleidenschaft entwickelt, horten und hamstern und sind außer Stande, sich von Gegenständen zu trennen.
- Viele Messies erleben zusätzlich zu ihrem Haushalts-Chaos ihre persönliche Zeitplanung als chaotisch und unkontrollierbar.
- Manche Messies sind chaotisch in ihren sozialen Beziehungen.
- Etliche Messies haben einen ungesunden Lebensstil entwickelt. Dazu gehören z. B. ein gestörter Tag-, Nachtrhythmus und eine nachlässige Ernährung.
- Einige Messies leben nicht nur im Privatbereich, sondern auch auf dem beruflichen Sektor chaotisch.
- Fast allen Messies gemeinsam ist der **Leidensdruck.** Messies erleben sich als unfähig, ihren Alltag so zu leben, wie sie es in ihren Vorstellungen gern möchten. Bei Messies ist deshalb von **Kontrollverlust** zu sprechen, die Kontrolle über die persönliche Lebensführung ist ganz oder teilweise verloren gegangen.
- Die Scham über die häusliche Situation ist groß. Das Problem wird in fast allen Fällen verheimlicht, vielfach kommt es zu sozialer Isolation und Vereinsamung.
- Die Desorganisation des eigenen Alltagslebens hat bei Messies zumeist eine zunehmende Tendenz und kann ohne Hilfestellung von außen einen chronischen Verlauf nehmen.

Was Sie als Leser betrifft, so kann ich natürlich keine Ferndiagnose stellen. Beurteilen Sie selbst, ob Sie sich in dem wiederfinden, was ich eben skizziert habe. Irgendetwas hat Sie ja schließlich veranlasst, dieses Buch zu kaufen.

Ich habe bei meinen Besuchen in Messie-Wohnungen die ganze Bandbreite des Möglichen gesehen. Und habe dabei immer mehr gestaunt, wie stark die Selbst- und Fremdeinschätzung des Problems häufig auseinander klaffen. Ich habe bedrückte, unglückliche Menschen in schönen, aufgeräumten Häusern erlebt, die ihr Zuhause als „ziemlich chaotisch" empfanden.

Und ich habe Menschen in komplett zugestellten, voll gestapelten, miefigen Wohnungen erlebt, die sich munter und fröhlich mitten im schlimmsten Chaos bewegten.

Die Einschätzung, wo die Ordnung aufhört und das Chaos anfängt, ist letztlich eine rein subjektive Bewertung, abhängig von dem persönlichen, familiären, altersbezogenen, sozialen oder auch kulturellen Lebenshintergrund der Person.

Für die Inhalte dieses Buches setze ich deshalb folgende Definition voraus: **„MESSIES sind Menschen, die ihre Alltagsgestaltung, vor allem ihre Haushaltsführung, als desorganisiert erleben und die darunter leiden."**

Ich kann mich furchtbar aufregen, wenn Messies gleichgesetzt werden mit „Schlampen". Im Volksmund sind mit Schlampen die Menschen gemeint, denen es völlig egal ist, wie sie selbst aussehen, oder auch, wie es um sie herum aussieht. Hand aufs Herz, das ist *Ihnen* doch alles andere als egal, oder? Ich nehme an, Sie möchten Ihr Zuhause am liebsten schön, gemütlich, aufgeräumt und sauber haben, nicht wahr?

Es mag sein, dass Sie sich vor anderen noch nie als „Schlamper" betitelt haben, auch nicht als „Drecksack", „Chaot", „Idiot" oder „Messie". Nein, mit herzerweichender Unschuldsmiene stehen Sie vor Ihrem Gegenüber und erklären im Brustton der Überzeugung: „Ich bin eben ein typischer Junggeselle!" Per definitionem sagen Sie damit lediglich aus, dass Sie ein unverheirateter Mann sind. Aber Sie sind ja ein ganz Schlauer und haben schon herausgefunden, dass Frau dazu neigt, einem Junggesellen *alles* zu verzeihen! Einem Junggesellen muss man halt allerhand nachsehen, der arme Kerl hat schließlich zwei linke Hände, wenn es um den Haushalt geht! Nicht wahr???

Falls Sie sich mittlerweile selbst als Messie „diagnostiziert" haben: Waren Sie bisher der Überzeugung, Sie seien der *einzige* Messie-Mann weit und breit?

Exkurs

Messie-Männer in der Statistik

Die Anzahl der Messies in diesem Lande ist noch immer eines der ungelösten Rätsel, da es bis heute keinerlei empirische Erhebungen zu dieser Fragestellung gibt. In mutigen Schätzungen wird von bis zu 10 % Anteil Messies an der erwachsenen Bevölkerung ausgegangen. Vorsichtige Schätzungen sprechen von 3 - 7 %. Mit vorsichtigen 5 % im Hinterkopf und einem Anruf beim Statistikamt komme ich zu folgenden Zahlen: Zum Stichtag 31.12.1998 hatte die BRD eine Gesamtbevölkerung von rund 82 Mio., unterteilt in 42 Mio. weiblichen und 40 Mio. männlichen Geschlechts. Von diesen 40 Mio. männlichen Personen waren Ende Dezember 1998 fast 30 Mio. volljährig. Das heißt von 5 % ausgehend: Etwa 1,5 Mio. Männer in diesem Land sind Messies. Die Dunkelziffer ist womöglich um einiges höher. **Nehmen Sie es also bitte nicht ganz so tragisch. Sie sind wahrhaftig nicht der einzige Messie-Mann! Es gibt mindestens 1 Million von Ihrer Sorte da draußen im Lande!**

Und noch etwas sollte Sie aufatmen lassen: Die Zeitschrift „Simplify Your Life" („SYL") hat zwei Umfragen durchführen lassen zur Frage: „Wo herrscht bei Ihnen die größte Unordnung?"

- Platz 1: der Keller
- Platz 2: die persönlichen Papiere (Unterlagen/Dokumente)
- Platz 3: der Arbeitsplatz

Nur 17 % der von EMNID Befragten beurteilten ihren Privatbereich als „überall aufgeräumt" und weniger als 3 % der SYL-Leser konnten ihr Heim als durchgängig ordentlich ansehen. Ich bewerte diese Umfrage nicht als repräsentativ, finde es aber bemerkenswert, dass es in einem Land, dem weltweit noch immer der Ruf von „Zucht und Ordnung" anhaftet, offensichtlich gar nicht mehr so ordentlich zugeht.

Exkurs Ende

Mann-oh-Mann!

1/2 Auf der Suche nach dem Hausmann

Auf der Suche nach dem Hausmann habe ich wiederum Einblick in das Statistische Jahrbuch genommen. Dabei ging ich vor allem der Frage nach: Wie viele Männer im gesamten Bundesgebiet leben in Single-Haushalten und müssen somit ihre Haushaltsführung allein managen? Laut Mikrozensus gab es im April 1999 in Deutschland rund 5,6 Millionen Männer in Single-Haushalten. Wenn ich jetzt wieder meinen 5%-Anteil zugrunde lege, komme ich zu folgenden Zahlen:

Es gibt etwa 280.000 <u>allein wohnende</u> Männer, die zu den Messies zählen.

Dunkelziffer unbekannt! Um es nochmals zu betonen: Die 5% Messie-Anteil sind zwar eine bislang noch nicht bewiesene, aber durchaus realistische Hypothese! Nach den vorliegenden statistischen Daten gab es 512.000 allein erziehende Männer. Bei meiner Messie-Berechnung sind das also ...
... etwa 26.000 <u>allein erziehende</u> Männer, die zu den Messies zählen.

Hausmänner sollen laut Aussage der Frauenzeitschrift „Brigitte" „starke Typen" sein. Das Institut für Demoskopie kam nach einer Umfrage unter Hausmännern zu der Überzeugung, dass der Hausmann vielseitig interessiert und gesellig sei sowie eine ausgeprägte Persönlichkeitsstärke habe. Es sei noch erwähnt, nach der Definition der Allensbacher Wissenschaftler ist mit „Hausmann" jeder Mann gemeint, der „im Wesentlichen" die Hausarbeit verrichtet.

Gehören Sie als Messie-Mann gemäß der eben genannten Definition auch zu den Hausmännern? Ja? Sind Sie eigentlich gern ein Hausmann? Oder ist Ihnen das Hausmann-Sein zuwider? Analysieren Sie, welche Grundhaltung Sie zum Thema „Hausmann" eigentlich einnehmen. Gehen Sie gedanklich in Ihre

Kindheit zurück. Wie sind Sie aufgewachsen? Welchen Stellen-
wert hatte Haushaltsarbeit in Ihrer Familie? Wie haben Sie als
Kind bzw. Jugendlicher die Haushaltsführung erlebt? Überlegen
Sie, was auf Sie zutrifft:

- ❏ Meine Mutter war putzsüchtig. Zu Hause war es steril und
  überordentlich.
- ❏ Meine Mutter/mein Vater war Messie. Ich habe nie ein Vor-
  bild gehabt.
- ❏ Ich war zu Hause der Prinz. Ich musste nicht einen Finger
  krümmen.
- ❏ Meine Eltern haben mir nichts zugetraut. Ich durfte nicht
  mithelfen.
- ❏ Ich musste viel im Haushalt mithelfen und auf meine Ge-
  schwister aufpassen.
- ❏ Ich habe manchmal etwas geholfen. Dann gab's mehr
  Taschengeld.
- ❏ Wehe, wenn ich nicht mithalf. Dann gab's Prügel oder Stu-
  benarrest.
- ❏ Bei uns zu Hause war es aufgeräumt, richtig nett und gemüt-
  lich.
- ❏ Mein Vater war ein Macho: „Hausarbeit? Nur was für Frauen
  und Weicheier!"
- ❏ ...

Ihre Grundeinstellung ist für Ihren Weg aus dem Messie-Chaos
von nicht unerheblicher Bedeutung. Mal abgesehen von Ihrer
momentanen Wohnsituation als Single oder mit Familie: Können Sie sich in einem der vier Männertypen wiederfinden, die in
der Zeitschrift „Psychologie heute" vorgestellt wurden?

Sind Sie vom Typ her eher ...

- ❏ **der TRADITIONELLE Männertyp?**
  erledigt Hausarbeiten höchst selten oder gar nicht

❑ **der PRAGMATISCHE Männertyp?**
das Engagement für Haushaltsarbeiten wird beschönigt
❑ **der UNSICHERE Männertyp?**
erreicht Mittelwerte in seinem Haushaltsengagement
❑ **der NEUE Männertyp?**
Haushaltsarbeiten werden regelmäßig wahrgenommen

Ich frage mich, ob Messie-Männer bei künftigen Einteilungsversuchen eine eigene Kategorie in der Männertypisierung bekommen sollten. Ungefähr so:

❑ **der KREATIV-CHAOTISCHE Männertyp:**
ist mit tausend weltbewegenden Sachen gleichzeitig beschäftigt und hat in seinem Kopf und seinem Terminplaner keinen Platz für etwas so Banales und Lästiges wie „Haushalt".
Sind Sie eher so?

Was ich nach wie vor merkwürdig finde, ist die Art der Darstellung von Hausmännern in den Medien, vor allem in der Fernsehwerbung. Da wird noch immer – und das im 21. Jahrhundert! – von den Werbemachern das Bild vermittelt, Haushaltsarbeit sei für Männer eher die Ausnahme. Ich kann mich an keinen einzigen Werbeclip erinnern, in dem Hausmannsarbeit als etwas völlig Selbstverständliches und Alltägliches vermittelt wird. Denn entweder dem Hausmann in der Werbung gelingt die Arbeit wie von selbst, ganz gleich, ob es um das Kochen, Putzen oder Wäschewaschen geht. Nach dem Motto: „Ich brauche nur das richtige Putzmittel und alles geht wie von Zauberhand." Oder aber der Hausmann wird als Trottel dargestellt, der im Haushalt selbst die einfachsten Handgriffe nicht hinbekommt. Das Schlimme ist, solche Bilder bleiben in den Köpfen der Leute hängen! Frage: Was haben Sie davon unbewusst abgespeichert?

☞ Übrigens: Wenn Sie das Buch gleich stinksauer in die Ecke pfeffern, achten Sie bitte darauf, dass es wenigstens sanft landet. Bücher haben eine empfindsame Seele und einen zerbrechlichen Rücken!

Ganz egal, wie Sie über Haushaltsfragen bislang gedacht haben:

- Wenn Sie mit Partnerin oder Familie zusammenleben, ist es nur fair, wenn Sie Ihren Einsatz im Haushalt zeigen, und zwar regelmäßig.
- Wenn Sie als allein Erziehender mit Kindern zusammenleben, haben diese ein Recht auf ein schönes, würdevolles Lebensumfeld und auf ein gutes Vorbild.
- Wenn Sie als Single allein wohnen, sind Sie de facto der „Allround-Haushaltsmanager". Außer Ihnen müssen das in diesem Land weitere 13,5 Mio. Menschen auch irgendwie hinkriegen.

> Nur ein Mensch kann Ihr Haushalts-Chaos-Problem lösen:
> SIE SELBST!

Es wird kein Heinzelmännchen kommen und über Nacht das Problem für Sie lösen. Es gibt kein Wunder-Putzmittel zu kaufen. Und keine Frau wird morgen vor Ihrer Tür stehen und sagen: „Nimm mich!"

Es wird sich nichts ändern, nur weil Sie gerade eifrig dieses Buch durchlesen. Das Lesen verführt Sie womöglich zu der Illusion, Sie hätten die Sache bereits im Griff. Der Weg von der Theorie zur Praxis ist im Leben aber meistens ziemlich weit …

1/3 Am anderen Ende: Cleanie-Männer

Vor einiger Zeit bin ich auf eine Stippvisite bei Joe reingeschneit, kurze Zeit nach seinem Umzug. Ich war gespannt auf seine neue „Bleibe". Während ich durch die Zweizimmerwohnung schlenderte, war Joe gerade dabei, mehrere Deko-Glastropfen am Fenster aufzuhängen. Wie toll die Wohnung aussah! Im Bad war alles gekonnt kombiniert in Weiß und Blau gehalten, es war alles sauber. Die Küche: Es stand nichts Unnützes herum. Die Arbeitsflächen waren freigeräumt und sauber. Das Schlafzimmer: Das Bettzeug war super ordentlich zurechtgelegt. Keine herumliegenden Kleidungsstücke. Alles picobello. Und erst das Wohnzimmer: Im Regal die Bücher akkurat aufgereiht. Der Stoff der Übergardinen wiederholte sich in der Tischdecke und den Sofakissen. Der Teppich neu und sauber. Die ältere, etwas abgewetzte Couchgarnitur war trickreich mit hellen Überwürfen auf neu getrimmt. Hier und da gut gepflegte Grünpflanzen. Die CDs alle an einem Platz gesammelt. Und gezielt ein paar Dekogegenstände aufgestellt, die außergewöhnlich und deshalb ein echter Blickfang waren.

Nach einem kurzen Rundgang durch die Wohnung wäre jedem klar geworden: Hier wohnt ein Cleanie (vom engl. „clean" = sauber, ordentlich, rein). „Cleanie-Männer" sind also diejenigen, die ihren Haushalt gut bis sehr gut im Griff haben.

Joe hat übrigens ausgesprochen wenig Zeit für seinen Haushalt. Er arbeitet im Management einer Firma, bis zu 14 Stunden am Tag. Manchmal auch samstags. Und an den Wochenenden hat er regelmäßig seine Kinder zu Besuch. Wie schafft er das nur, in seinen vier Wänden alles auf Reihe zu halten? Ich habe ihn dazu interviewt. Ihn und noch andere Cleanie-Männer. Hier einige Auszüge:

Wie behältst du den Überblick über deinen Haushalt?

* „Indem ich es öfter mache."
* „Das sehe ich doch! Ich lasse nichts liegen. Das Wort ‚später'

gibt es nicht bei mir. Jeden Tag kleine Schritte, so komme ich zu einem großen Ergebnis."

- „Man sieht doch, was getan werden muss. Ich habe keinen Plan, es ergibt sich halt so."
- „Was ich offensichtlich sehen kann, das halte ich auch sauber."
- „Es ist eh geordnet. Ich sehe, wenn was nicht stimmt ... nach Bedarf ... Das steckt einfach drin ... Gewohnheitssache."
- „Es ist nicht so komplex ... Beobachten und wahrnehmen."

☞ Fällt Ihnen etwas auf? Da geht es immer wieder um das „Sehen", das „Wahrnehmen"...

Machst du deine Hausarbeit gern?
- „Ich mach's gern. Ich denke, das ist notwendig. Und ich fühle mich wohler, wenn es gemacht ist. Das Ergebnis, der Erfolg, wenn ich das erledigt habe, das bringt mir den Spaß an der Haushaltsarbeit."
- „Gern, sehr gern. Es macht mir Spaß! ... Ich kann keine Unordnung ertragen, zumindest im Wohnbereich ... Wenn ich sehe, dass alles aufgeräumt und sauber ist, das tut gut."
- „Es macht mir nichts aus. Ich finde es schön, wenn's ordentlich ist ... Für eine gewisse Ordnung muss man etwas tun, für Sauberkeit auch. Das Ergebnis ist für mich die Befriedigung."
- „Ich denke praktisch. Wenn alles sauber ist, das ist ein gutes Gefühl. Was sein muss, muss sein. Man muss positiv da rangehen. Ich kann mich freuen, wenn es hinterher gut und sauber ist. Früher hatte ich eine Null-Bock-Stimmung. Ich habe gelernt, Verpflichtungen zu übernehmen. Ein gewisses Maß an Ordentlichkeit muss sein."
- „Mache ich gern. Es gehört zu meinem Leben. Es ist eine Abwechslung zum Berufsalltag ... Ich mache die Haushaltsarbeit mit Musik, einer Tasse Kaffee dabei. Zum Beispiel erst Fenster putzen, danach eine Belohnung (essen gehen, Kino), also ein Kontrastprogramm."

• „Ich fühle mich wohl, wenn es sauber und ordentlich ist. Die Arbeit macht nicht so den Spaß, aber das Ergebnis. Motivation kommt durch das Wohlbefinden hinterher ... hinterher angucken, wie schön es ist, wenn es sauber ist."

Beim Vergleich sämtlicher Antworten zu der Frage nach dem „Spaßfaktor" war ich verblüfft über die auffällige Übereinstimmung bei den Aussagen. Besonders zwei Punkte finde ich dabei hochinteressant:

☞ Cleanie-Männer nehmen Haushaltsarbeiten offensichtlich als normale **Gegebenheit** des Lebens hin.

☞ Es wird immer wieder vom **Ergebnis** gesprochen. Cleanie-Männer haben das Ziel fest vor Augen. Sie haben die Fähigkeit, gedanklich vorwegzunehmen, was am Ende des Weges sein wird. Wobei der Erfahrungswert ganz wichtig ist. Hier wird deutlich von der positiven Erfahrung gesprochen, die wiederum die positive Erwartung auf ein gutes Ergebnis auslöst. Cleanie-Männer wissen, wie gut ihnen die Ordnung und die Sauberkeit tun, wie gut sie sich damit fühlen.

Messie-Männer können von Cleanie-Männern eine ganze Menge lernen, was Haushaltsmanagement angeht. Schon so einige Männer aus meinen Seminaren sind mit einem Spickzettel bewaffnet losmarschiert und haben ihre Cleanie-Freunde zum Thema „Haushalt" befragt. Das war für alle Beteiligten sehr aufschlussreich und nahm für die meisten einen ungeheuer amüsanten Gesprächsverlauf. Haben Sie einen Cleanie in Ihrem Bekanntenkreis? Na, dann nichts wie hin! Hier ein paar Fragen für Sie als **Interviewvorlage:**

1. Gehst du bei deiner Arbeit nach einem bestimmten Plan vor?
2. Wie viele Stunden pro Tag brauchst du für deinen Haushalt?
3. Setzt du dir ein Zeitlimit für die Tätigkeiten?

4. *Wie behältst du den Überblick über deinen gesamten Haushalt?*
5. *Machst du deine Hausarbeit gern?*
6. *Wie war das Thema „Haushaltsarbeiten" für dich als Kind?*
7. *Wie hast du das Führen eines Haushaltes gelernt?*
8. *Wie organisierst du allgemein deinen Alltag?*
9. *Wie kommst du mit deiner Zeitplanung zurecht?*
10. *Wie hältst du die Balance zwischen Arbeit und Freizeit?*

Der bekannte deutsche Schauspieler Moritz Bleibtreu hat in puncto Haushalt mal einen ganz besonderen Tipp weitergegeben: „Ich sag immer: Wenn's dir scheiße geht, putz deine Wohnung, putz sie so, wie du sie noch nie geputzt hast, und du wirst sehen: Erstens fühlst du dich besser und zweitens passiert vielleicht sogar was Gutes. Wirklich. In dem Moment, wo du Kraft aufbringst für Dinge, da passiert auch was. Da verändert sich dein Leben. Da glaube ich fest dran."

IM CHAOS ZU HAUSE

Kapitel 2

Checken Sie den Status quo

2/1 Ihre Situation als Messie-Mann

Schlaglichtartig wollen wir wie mit einem „Spotlight" verschiedene Lebensausschnitte anstrahlen.
Markieren Sie bitte, was auf Ihre Lebenssituation aktuell am ehesten zutrifft (die Aufzählung erhebt keinen Anspruch auf Vollständigkeit!):

Ihre Beziehungssituation

Sie leben mit einer Messie-Frau zusammen ...

... und die Frau scheitert an Ihnen.
Das mag Ihnen bisher als Vorteil erschienen sein. Weil Sie jede Gelegenheit nutzen konnten, mit ausgestrecktem Finger auf Ihre Partnerin zu zeigen, die aus Ihrer Sicht die Verantwortung für das Chaos trägt. Sie hat sich diesen Schuh angezogen und ist irgendwann – völlig überfordert – resigniert bei dem Versuch, das Chaos zu managen.

... und Sie scheitern an der Frau.
Sie haben bereits einige Anläufe hinter sich, das Chaos in den Griff zu kriegen. Jedes Mal ist es an Ihrer Messie-Partnerin gescheitert, die nicht mitgezogen hat. Sie haben resigniert aufgegeben und lassen alles passiv laufen.

... und Sie scheitern beide aneinander.
Sie beschuldigen sich permanent gegenseitig. Keiner von beiden macht den Anfang aus dieser misslichen Lage. Sie liegen beide stets auf der Lauer in dem Anspruch, der andere müsse anfangen, das Chaos in Angriff zu nehmen.

... und Sie sind ein eingeschworenes Team.
Sie bemitleiden sich gegenseitig oder versuchen, es gemeinsam mit beißendem Zynismus herunterzuspielen. Ihre Wohnungstür ist das Bollwerk gegen die Welt da draußen, die Sie und Ihre Partnerin sowieso nicht versteht. Sie wissen, Sie beide müssen zusammenhalten.

Sie leben mit einer Cleanie-Frau zusammen ...

... und die Frau scheitert an Ihnen.

Seit Jahren leidet Ihre Frau duldsam vor sich hin. Sie hat sich zum gut funktionierenden „Co-Messie" entwickelt, so ähnlich wie manche Partnerin eines Alkoholkranken. Ihre Partnerin sorgt dafür, dass Besuchern in der Wohnung „nichts auffällt". Sie läuft seit Jahren hinter Ihnen her, hebt Kleidungsstücke auf, sortiert Ihr Papierchaos und hat das Regal nach drei Jahren vergeblichen Wartens selbst zusammengebaut. Seit langem schluckt sie ihren Frust, ihre Enttäuschung, ihre Wut stillschweigend runter. Und wird vermutlich irgendwann psychosomatisch erkranken.

... und Sie scheitern an der Frau.

Streit, ständige Appelle (in Ihre Richtung) und immer größere Verärgerung (aus Ihrer Richtung zurück) sind bei Ihnen beiden seit Jahren an der Tagesordnung. Irgendwann kommt bei Ihrer Frau der Tag, an dem Hoffnung und Geduld sich erschöpft haben. Sie packt ihre Koffer und zieht aus.

... und Sie scheitern aneinander.

Sie bleibt wegen der Kinder, der finanziellen Abhängigkeit, der zu pflegenden Angehörigen oder aus einem anderen schwerwiegenden Grund. Aber: Sie bleibt nur physisch. Als Partnerin ist sie Ihnen verloren gegangen. Sie baut sich ihr eigenes Leben auf, ist so oft wie möglich außer Haus. Ihre ehemals liebevolle Beziehung hat nur noch WG-Charakter.

Sie leben als Single ...

... nach dem Auszug Ihrer Partnerin: Resignation

Der Auszug stand in direktem Zusammenhang mit dem von Ihnen geschaffenen Chaos. Jetzt hocken Sie einsam und verlassen mittendrin, und das Chaos erinnert Sie tagtäglich daran, warum Ihre Frau gegangen ist. Das ist eine verdammt bittere Pille für einen Messie-Mann! Ihre Resignation wird von Monat zu Monat schlimmer.

... und wollen die Änderung: Kampf

Sie sind von ein paar wohlmeinenden Freunden umgeben. Die haben mit Ihnen schon mehrere Aufräumaktionen durchgezogen. Nur leider konnten Sie die Ordnung nicht aufrechterhalten. Nach und nach gibt ein Freund nach dem nächsten entnervt auf. Irgendwann stehen Sie ganz allein da und sind auf sich selbst angewiesen, wenn Sie endlich Klarschiff machen wollen. Sie krempeln die Ärmel hoch und legen los. Aber irgendwie klappt es nicht.

... und sind der nette Chaot: Verleugnung

Sie sind ein Meister im Verleugnen des Problems. Sie haben sich ein dickes Fell angeeignet. Ungeniert lassen Sie jeden Besucher herein. Die Palette Ihrer Argumente zur Begründung des häuslichen Zustands ist reichhaltig. Der bisherige Spruch: „Ich bin halt ein typischer Junggeselle!" hat ausgedient. Die Masche zieht nicht mehr. Sie verkaufen sich mittlerweile als der nette Chaot, dem man vieles nachsehen muss. Sie begegnen den Leuten mit einem Zynismus, dass sich die Balken biegen. Ihr soziales Umfeld ist bereits verstummt. Die anderen sind nämlich nicht dumm und merken irgendwann, dass sie bei Ihnen gegen Mauern rennen. Solange Sie Ihr Messietum bagatellisieren, kann man sich an Ihnen „die Zähne ausbeißen".

Ihre Arbeitssituation

Sie sind berufstätig ...

... und im Beruf als Messie unauffällig.

Ganz im Gegenteil. Sie sind bestens organisiert, glänzen mit Ihren Leistungen und haben beruflich alles im Griff.

... und sind im Beruf als Messie auffällig.

Welche Doppelbelastung! Sie verlassen morgens das heimische Chaos, treffen im beruflichen Chaos ein. Und abends fahren Sie wieder zurück in das häusliche Chaos. Es gibt keinen Ort mehr, an dem Sie sich regenerieren können. Überall starrt Sie das Chaos an.

... und üben Ihren Beruf zu Hause aus.
Sie leben ständig in der Angst, das Chaos könnte überhand nehmen und auf Ihr Arbeitszimmer, Ihr Büro, Ihre Werkstatt oder Ihr Atelier übergreifen.

... und das private und das berufliche Chaos haben sich bereits miteinander gepaart.
Sie blicken nicht mehr im Geringsten durch, wie und wo Sie berufliche von privaten Papieren trennen können. Ihre Nerven liegen, angesichts dieser Misere, absolut blank.

... und Sie arbeiten in ständiger Wechselschicht.
Ihr Biorhythmus gibt deutlich Rückmeldung, dass diese Art Berufsleben immer anstrengender wird. Für das anwachsende Chaos haben Sie keinerlei Kraftreserven mehr.

... und Sie befinden sich in einer Ausbildung.
Ihre Energien setzen Sie lieber für Ihre Klausuren und Prüfungen ein als für das häusliche Chaos. Bisher war das eine gute Ausrede, für Sie selbst und gegenüber anderen.

Sie sind nicht berufstätig ...
Sie sind arbeitslos, berufsunfähig, in Pension. Sie haben das Chaos von morgens bis abends vor Augen. Das halten Sie nicht lange aus und ...

... flüchten innerhalb der Wohnung z. B. vor den Fernseher, vor den Computer, in den Bastelkeller.

... flüchten aus der Wohnung. Sie sind „hilfreich, edel und gut" damit beschäftigt, Freunden und Nachbarn bei tausend Angelegenheiten zu helfen.

... gründen, betreuen eine Initiative oder einen Verein, der Ihre volle Aufmerksamkeit verdient.

... arbeiten „schwarz", um auf alle Fälle über Stunden weit weg von zu Hause zu sein.

...treiben sich Tag und Nacht bei Ihren Kumpels, Ihrer Freundin, Ihren Verwandten herum, die leben ordentlich. Da können Sie es gut aushalten. Und sind wunderbar abgelenkt.

... flüchten ganz und gar nicht. Wie ein Märtyrer sitzen Sie tagein, tagaus in dem unveränderten Chaos. An jedem neuen Morgen möchten Sie am liebsten im Bett liegen bleiben und die Bettdecke über den Kopf ziehen.

Ihre Gefühlssituation

Noch einmal zurück zu dem Stichwort „Verleugnen des Problems". Sie haben bisher nicht verleugnend gedacht, gehandelt und geredet, weil Sie einen „schlechten Charakter" haben oder „faul" sind. Ich bin sicher, Ihre Problemverleugnung war Ihr „Schutzprogramm" gegen all den seelischen Schmerz, gegen die Flut unangenehmer Gefühle, die durch Ihr Messietum ständig neu ausgelöst worden sind. Womöglich haben Sie eine lange Aneinanderreihung unangenehmer Situationen hinter sich. Als Kind hatten Sie eine Menge Ärger wegen Ihres chaotischen Kinderzimmers. In der Schule wurden Sie von Lehrern und Mitschülern wegen Ihrer Zerstreutheit und Vergesslichkeit gehänselt. In der Partnerschaft gab es ständig Streitereien wegen des chaotischen Zustands der Wohnung. Ihre Geschichte ist eine Geschichte voller Demütigungen, Streitigkeiten, Verletzungen, Peinlichkeiten. Ihr Leben besteht aus einer riesigen Schlucht zwischen dem, wie Sie Ihren Alltag leben möchten, und dem, wie Sie tatsächlich leben. Dazu noch das anstrengende Doppelleben zwischen Privatsphäre und Beruf, die ständige Angst, Ihr Problem könne offenbar werden. Zu den Anklagen der anderen kommen Ihre ständigen Selbstanklagen hinzu, die Ablehnung Ihrer Person sich selbst gegenüber geht bis hin zu Selbsthass. Ihr Selbstbewusstsein ist so ziemlich im Keller. Zu Ihrem gesunden Selbstschutz haben Sie sich mühevoll einen Lebensbereich erkämpft, in dem Sie so richtig glänzen, wo Sie als der geniale und grandiose Mann dastehen können. Ist es Ihr Beruf? Ist es Ihr Vereinsvorsitz? Ist es Ihr Hobby?
Ich weiß, was ich hier sage, ist schmerzhaft für Sie. Aber es bringt doch nichts, wenn Sie sich wie gewohnt mit

einem flotten ironischen Spruch auf den Lippen wieder davonstehlen. Hören Sie sich an, welche Gefühle andere Messies geäußert haben, die es gewagt haben, den Schmerz zuzulassen ...

„... *unwohl, peinlich, ohnmächtig, wie eine Folter, frustriert, voller Selbsthass, unsicher, ungeduldig, erbittert, reuevoll, wütend, gespalten, bedrückt, Horror, beschämt, verzweifelt, unter Anspannung, besorgt, genervt, einsam, am Rande der Erschöpfung, schuldig, gedemütigt, unfähig, ertappt, nervös, verrückt, aggressiv, hektisch, unzufrieden, enttäuscht, entmutigt, deprimiert, traurig, niedergeschlagen, missgestimmt, minderwertig, bloßgestellt, schlecht, hilflos.* "

Welche der Gefühle sind Ihnen vertraut? Markieren Sie diese Worte.

Die Menschen im Umfeld eines Messies sind oftmals erschüttert darüber, wie Messies mit sich selbst umgehen. Messies behandeln sich im Grunde wie Menschen zweiter Klasse. Um nicht an dieser degradierenden Lebensweise zu verzweifeln, dient es wie gesagt dem seelischen Schutz des Messies, in der Wahrnehmung für die häusliche Umgebung immer mehr abzustumpfen. Angehörigen und Freunden ist es völlig schleierhaft, wie Messies es über Jahre in ihrer Chaosbude aushalten, ohne durchzudrehen.

Kommen Sie bitte heraus aus Ihrer Verleugnungshaltung! Es ist Zeit für diese Sätze: **„Ich habe ein Problem. Ich brauche Hilfe. Ich bin es wert, dass ich clean werde."**

Ihre Haushaltssituation

Welche Bereiche Ihres Haushalts schätzen Sie als problematisch ein?

❑ Gegenstände finden
❑ Putzen
❑ Einkauf/Planung/Vorbereitung der Mahlzeiten
❑ Papierkram/Bücher
❑ Wäschepflege
❑ Aufräumen
❑ Geschirr
❑ Zeiteinteilung
❑ Sammeln/Horten
❑ ...
❑ ...
❑ ...

„Gehen wir zu dir oder zu mir?"

Ein Exkurs von Uwe

Mal ganz abgesehen von den Beziehungsdramen, die sich alltäglich abspielen. Es gibt Dramen der besonderen Art, die der Öffentlichkeit komplett verborgen bleiben.
Nehmen wir mal ein völlig normales Szenario. Mann und Frau begegnen sich auf einer Party. Er ist von ihrem Äußeren angezogen, mag ihre Art zu lachen, mag, wie sie ihm in die Augen sieht, er spricht sie an und ein heißer Flirt entbrennt. Nun – es ist egal, ob die allseits berühmte Frage noch am selben Abend oder später und von wem sie gestellt wird. Es wird passieren. Wenn die Liebe entflammt ist, ist der Wunsch nach Zärtlichkeit schnell präsent. Überlassen wir dieses Paar nun getrost seinem weiteren Werdegang und wünschen ihm ein langes und glückliches Leben.
Wenden wir uns dem Messie-Mann zu. Natürlich wohnt auch ihm der Wunsch nach Liebe, Zärtlichkeit, Streicheleinheiten und Sex inne. Nehmen wir dasselbe Szenario wie oben. Es ist passiert, die Liebe und das gegenseitige Verlangen sind da. Tja, Messie-Mann, was nun und was tun?
Die allseits berühmte Frage wird er nicht stellen. Die Frage wird in der Regel lauten: „Gehen wir zu dir?" Falls sie zustimmt, kann

es ein netter Abend werden, und die Komplikationen beginnen später. Sofort beginnen sie jedoch, wenn sie entgegnet: „Ach nee, mir ist es lieber, wenn wir zu dir gehen." Guter Rat ist teuer. Im Normalfall wird es die einzig richtige, offensive und ehrliche Antwort nicht geben. Zumindest ist mir kein Fall bekannt, bei dem ein Messie-Mann gesagt hätte: „Das geht nicht. Ich habe ein Problem mit meiner Wohnung. Bei mir ist es fürchterlich chaotisch und unaufgeräumt, und ich möchte nicht, dass du das siehst."

Mal ehrlich, wer will denn schon, dass die Herzensdame auch nur ansatzweise erfährt, in welchen Umständen man als Messie-Mann so wohnt. Im Gegenteil, im Regelfall wird doch eher die Zuflucht in einer Ausflucht gesucht. Das kleinere Übel scheint zu sein, die neue Beziehung und Liebe gleich zu Anfang mit einer Ausrede oder kleinen Notlüge zu belasten. Auf den Vorschlag, zu ihm zu gehen, wird der Messie-Mann dementsprechend reagieren:

- „Ich bin gerade erst eingezogen. Bei mir stehen noch die Umzugskartons herum. Bei dir ist es bestimmt gemütlicher."
- „Zu dir ist es doch viel näher!"
- „Bei mir sind gerade die Handwerker gewesen."
- „Ich habe eine neue Matratze bestellt. Die alte taugt nichts mehr und ich schlafe gerade auf einer Luftmatratze."
- „Ich habe gerade meine Wohnung renoviert und es riecht noch nach Farbe."
- „Ich habe keinen Kaffee für morgen früh."
- „Meine Mutter ist gerade zu Besuch."

Die Antworten können mehr oder weniger originell ausfallen, aber der Messie-Mann wird einen Besuch in seiner Wohnung nicht zulassen, von einigen absolut abgebrühten Exemplaren mal abgesehen.

Betrachten wir nun die neue Liebe in einem etwas weiter fortgeschrittenen Stadium. Der Messie-Mann hat die erste Klippe umschifft – die Beziehung zum geliebten Wesen besteht. Treffpunkte sind Kneipen, Cafés, Kinos und andere unverfängliche Orte. Anschließend geht man selbstverständlich zu ihr. Alles könnte wunderbar und in bester Ordnung sein. Gäbe es da im Hintergrund nicht das Wissen um die dunkle, alles bedrohende Gefahr, die in der eigenen Wohnung lauert. Nein, blauäugig ist der Messie-Mann nicht. Er weiß, der Tag ist nicht mehr fern – und sie wird ihn zu Hause besuchen wollen. Ihm ist bewusst, die neue Liebe wird eine schwere Belastungsprobe erfahren, wenn es ihm nicht gelingt, seine Wohnung in einen halbwegs besuchbaren Zustand zu bringen.

Mit Schmetterlingen im Bauch ist schnell der Vorsatz gefasst, eine Aufräumaktion zu starten. Doch leider gestaltet sich gerade diese Umsetzung mehr als schwierig. Man ist verliebt, schwebt rosarot gefärbten Blickes durchs Leben, alles scheint einfach und lösbar. Warum, bitte schön, warum sollte man ausgerechnet jetzt etwas so Profanes wie Aufräumen in Angriff nehmen? Viel einfacher und angenehmer ist es doch, die frische Liebe zu genießen und im siebten Himmel zu schweben. So vergeht dann Tag um Tag.

Messie-Männer wissen, es wird passieren und ist so oft passiert, so lange es Messie-Männer gibt. Irgendwann glaubt sie allen Ausreden und Ausflüchten nicht mehr. Misstrauen und Neugier werden zu groß und übermächtig. Egal, wie viel gute oder schlechte Gründe gegen einen Besuch ins Feld geführt worden sind – sie wird eines Tages unangemeldet vor der Tür stehen.

- Bums, dann ist es passiert. Es gibt Sprachkünstler und Wortakrobaten, die es selbst dann noch schaffen zu erklären, warum man gerade jetzt keinen Besuch empfangen könne. Doch einerlei, wie sich der Messie-Mann auch dreht und wendet, die Schlinge um den Hals wird enger und enger. Es braucht nicht viel Phantasie, um sich vorzustellen, wie lange es noch dauert, bis sie ein Ultimatum stellt. Und spätestens hier ist der Messie-Mann an einem Punkt angelangt, wo eigentlich nur noch zwei Möglichkeiten in Betracht kommen:

- Es ist vorbei. Die ganze Beziehung ist mittlerweile so belastet, dass der Messie-Mann keinen anderen Ausweg mehr sieht, als die Beziehung zu beenden oder einer Beendigung zuzustimmen. Müßig zu beschreiben, wie schwer dies fallen kann. Und vor allem: Wie weh dies tun kann, zumal dem Messie-Mann bewusst und eindringlich klar ist, woran die Beziehung ursächlich gescheitert ist. Auch wird er die Frage nach dem „Was wäre, wenn ...?" niemals für sich selbst zufriedenstellend beantworten können.

- Dann ist da natürlich noch die Alternative, mit sich und seinem Problem offen und ehrlich umzugehen. Auf Toleranz und Verständnis zu setzen. Auch kein einfacher Weg, erfordert er doch die Auseinandersetzung mit sich selbst. Kritische Fragen der Partnerin werden nicht unausgesprochen bleiben. Vielleicht wendet sich die Partnerin auch kopfschüttelnd und verständnislos ab. Doch warum so negativ denken? Schließlich hat die Partnerin sich in die Person und das Wesen des Messie-Mannes verliebt – und nicht in seine Wohnung oder sein Auto. Falls dem so wäre, würde die Beziehung sowieso unter einem unguten Stern stehen. Vermutlich wird die Partnerin helfen und sich an Problemlösungen beteiligen wollen. Also, nur Mut.

Anfangs war die Rede von Dramen, die sich unbemerkt ereignen. Dazu sei angemerkt, dass viele Messie-Männer im Laufe der Zeit ein absolutes Single-Dasein führen. Auf Grund gescheiterter Beziehungen und negativer Erfahrungen entfällt oft schon der Versuch, eine neue Liebe zu suchen. Viele Messie-Männer fühlen sich einsam und mit sich allein.

Eine neue Liebe ist nicht immer wie ein neues Leben. Allerdings hat eine neue Liebe immer und in jedem Fall eine Chance zur Veränderung. Eine Möglichkeit, zu zweit etwas zu schaffen, was allein nicht zu bewältigen scheint. Und wo, bitte schön, steht geschrieben oder ist in Stein gemeißelt, dass eine neue Liebe nicht zumindest die Wohnung auf den Kopf stellen kann!

Exkurs Ende

2/2 Ihre starken und schwachen Seiten

Ein kleiner Test

Schließen Sie doch bitte gleich einmal die Augen (Halt! Jetzt noch nicht, erst weiter lesen!), und listen Sie gedanklich alles auf, was bei Ihrer Person auf der Minus-Seite steht, also sämtliche Verhaltensweisen, die Sie an sich selbst nicht mögen (ob Sie eine krumme Nase haben, einen Leberfleck an der falschen Stelle oder einen Bierbauch, spielt jetzt keine Rolle). Dann wechseln Sie bitte nach ein paar Minuten auf Ihrer gedanklichen Liste auf die Plus-Seite, und überlegen Sie, was Sie alles an sich gern haben (nein, Ihr supertrainierter Waschbrettbauch ist jetzt nicht gefragt!). Welches sind Ihre Stärken? Was sind die Pluspunkte Ihrer Persönlichkeit? Welche Verhaltensweisen und Tugenden mögen Sie an sich?

Bitte JETZT die Augen schließen, der Test startet JETZT.

Hallo! Sind Sie noch wach? Na, ein Glück! Ich könnte wetten, Ihre Minus-Seite hat sich ruck, zuck gefüllt, auf Ihrer Plus-Seite ist gähnende Leere oder es gibt nur spärliche Notizen. Verzweifeln Sie nicht, das geht ganz vielen Messies so. Wir sehen auf Anhieb unsere Schwächen, haben aber keine Ahnung von unseren Stärken. Dabei gibt es mindestens vier Bereiche, die wir als dickes Plus in unserem Leben verbuchen können und die uns gegenüber Nicht-Messies auszeichnen.

Die starken Seiten von Messies ...

Wir Messies sind sozial.

Wir haben stets ein großes Herz für die Nöte und Bedürfnisse anderer Menschen. Wir leben also nicht vorrangig sachbezogen, sondern mehr auf Menschen ausgerichtet. Das ist doch eine sehr schöne und wichtige Eigenschaft. Menschen sind schließlich wichtiger als Dinge. Wir haben gern mit Menschen zu tun, haben es gern gesellig, wir sind warmherzig, humorvoll und sehr hilfsbereit.

Wir Messies sind begabt.

Auf bestimmten Gebieten unseres Lebens sind wir „spitze". Sei es im Beruf, sei es in einem Ehrenamt oder in unserem Hobby. Wir sind interessant, können gute Beiträge leisten, sind kompetent, kreativ und innovativ. Viele von uns sind im Beruf sehr erfolgreich. Nicht unerheblich viele Messies kommen aus akademischen oder künstlerischen Berufen, wo wir schon viel Anerkennung bekommen haben. Viele Messies sind in ihrer beruflichen Situation oder in ihrem Ehrenamt erstklassig und werden von Kollegen und Vorgesetzten wegen hervorragender Leistungen geschätzt und bewundert. Stellen Sie Ihr Licht nicht unter den Scheffel!

Wir Messies sind idealistisch.

Wir sind sozusagen am großen Ganzen interessiert. Wir haben große Pläne für Veränderungen im eigenen Leben, in unserem Umfeld und in der Welt. Wir leben mit großen Träumen und stehen oft über den Dingen des täglichen grauen Alltags. Bei uns spielt sich ein Großteil des Lebens in unseren Gedanken ab. Da wir eher Theoretiker als Praktiker sind, können wir uns auf manchen Gebieten in große Höhen schwingen und herausragende Leistungen zu Stande bringen. Wenn uns eine Sache erst einmal so richtig gepackt hat, dann krempeln wir die Ärmel hoch. Dann kleckern wir nicht, sondern klotzen. Wir arbeiten bis zum Umfallen und halten eisern an unserer Vision fest, bis sie Wirklichkeit geworden ist, ohne nach rechts und links zu gucken.

Und wenn wir mal hinfallen, stehen wir wieder auf und machen weiter. Wir haben eine unglaubliche Stehaufmännchen-Mentalität. Wie viel ärmer wäre unsere Welt ohne all die idealistischen Messies, die „an der Front" mit ihrem unerschütterlichen Idealismus arbeiten und präsent sind.

Wir Messies sind perfektionistisch.

Wir machen etwas ganz oder gar nicht. Schwarz oder weiß, 100 Prozent oder Null. Wir haben ein sehr hohes Anspruchsniveau. Wir wollen es auf jeden Fall ganz richtig machen. Wir plädieren für Fehlerfreiheit. Wenn wir uns bei all unserem Perfektionismus endlich mal an eine bestimmte Aufgabe wagen, dann fällt das Ergebnis hinterher nicht selten 150-prozentig aus. (Zumindest aus der Sicht der Nicht-Messies um uns herum!)

> Messies sind zumeist humorvoll, intelligent, kreativ, optimistisch, ideenreich, warmherzig, also – ganz besondere Leute!

Wenn Sie auf Ihr bisheriges Leben zurückschauen, werden Sie sich bestimmt in allen eben genannten Bereichen wieder finden können. Falls Ihnen das gar nicht gelingen will: Bei uns Messies ist es typisch, dass Selbstwahrnehmung und Fremdwahrnehmung stark auseinander driften. Wir haben ungeheure Schwierigkeiten, uns selbst realistisch einzuschätzen. Das hängt wohl mit unserem mangelnden Selbstwertgefühl zusammen. Wir denken nicht besonders nett von uns selbst. Haben Sie einen Menschen Ihres Vertrauens greifbar, dann fragen Sie bei dem einmal nach, zu welcher Einschätzung Ihrer Person er oder sie gelangen würde. Sie werden sich vielleicht wundern, welche positiven Eigenschaften Ihr Gegenüber nennen würde, die Ihnen selbst nie und nimmer einfallen würden.

Aber an dieser Stelle doch noch eine kritische Anmerkung zu den Stärken. Denn das Drama eines Lebens als Messie ist, dass alle vier Stärken sich leider, leider sehr wohl umdrehen und zu ausgesprochenen Stolperfallen werden können:

- Wenn Udos **soziale** Ader sich zum Helfersyndrom auswächst, kann es richtig Probleme geben: Udo geht die Straße entlang und wird dort von wildfremden Menschen angequatscht, ob er denn nicht mal eben beim Umzug helfen könnte. Gesagt, getan! Und schon ist Udos Zeitplan für den Tag total im Eimer.

- Wenn Michael vor lauter **Erfolg** im Beruf und Engagement in zwei Vereinen nur noch zum Schlafen in der Wohnung ist, bricht sein Haushalt zusammen. Und gleich danach sein Immunsystem.
- Wenn Peter in seinem **Idealismus** inzwischen auf einen 16-Stunden-Tag kommt, kriegt er sehr bald die „rote Karte" von seiner Frau gezeigt.
- Wenn Felix, der Architekt, an seinem bereits **perfekten** Hotel-Modell noch länger unzufrieden herumbastelt, wird sein Chef in Kürze ausflippen.

Die Kunst ist herauszufinden, wie wir unsere Stärken sinnvoll nutzen können. (Sorry, aber ein Exkurs darüber würde ein nächstes Buch füllen.)

Die schwachen Seiten von Messies ...

Mit der Kapitelüberschrift habe ich Ihnen schon angedroht, dass wohl oder übel auch die „Schwächen" der Messie-Persönlichkeit zur Sprache kommen müssen. Es gibt da so eine Art „Top Ten" der Schwächen, ich nenne es mal ironisch die „Hitliste" der messietypischen Eigenschaften:

Wahrnehmungsschwäche (das „Tunnelblick"-Problem)
Wir laufen mit einer Art Scheuklappenblick durch den Haushalt. Es gibt immer einige Bereiche, die wir übersehen, nicht wahrnehmen. Das hat nichts mit der Sehfähigkeit der Augen zu tun, sondern vielmehr mit der „Sehfähigkeit" des Gehirns. Kein Wunder! In dem Buch „Endlich Zeit für mich!" von Seiwert/Kammerer heißt es, eine Hausfrau mit Familie müsse sage und schreibe 216 verschiedene Tätigkeiten beherrschen. Da mag es gut sein, dass Ihnen der Job in Ihrer Firma überschaubarer vorkommt als Ihr Job zu Hause als Hausmann!

Vergesslichkeit (ein schlechtes Gedächtnis)

Sie kennen das: Sie gehen in einen Raum, stehen dort herum und wissen nicht mehr, was Sie da eigentlich wollen. Sie öffnen einen Schrank und haben vergessen, was Sie da rausholen wollten. Sie eilen zum Supermarkt um die Ecke und haben nach 5 Minuten vergessen, welche vier Teile Sie kaufen wollten. Sie wissen um das Sieb in Ihrem Gehirn, und damit Sie die wichtigen Angelegenheiten zu Hause nicht vergessen, legen Sie alles sichtbar hin, um sich daran zu erinnern. Zu dumm nur, dass Ihr Organisationstalent gegen null tendiert und jeden neuen Tag wichtige Dinge sichtbar hingelegt werden müssen ...

Und wehe, wir vergessen das Essen auf dem Herd, den aufgedrehten Wasserhahn oder das offene Fenster kurz vorm Gewitter ...

Ablenkbarkeit (Zerstreutheit)

Sind Sie schon von vielen Leuten als „zerstreuter Professor" bezeichnet worden?

Wehe, ich komme gestresst nach Hause und habe gleichzeitig Haustürschlüssel, Fahrradschlüssel und Autoschlüssel dabei. Das gibt ein Durcheinander! Richtig spannend war der Fall, als ich in der Stadt versucht habe, ein Kartentelefon mit meiner EC-Karte zu benutzen. Nach dem ersten Schrecken habe ich mich kringelig gelacht. Die Zerstreutheit eines Messies kann durchaus zu den komischsten Szenen führen. Während einer Prüfungszeit war ich mal völlig zerstreut damit zugange, den Inhalt meines Papierkorbs ins Klo zu schütten.

Wie oft sind Sie schon losgefahren mit Brieftasche oder den Einkäufen auf dem Autodach? Oder hatten Ihren Pullover verkehrt herum an? Oder Ihre Aktentasche zu Hause vergessen? Wie oft ist Ihr Gefriergut aufgetaut, weil Sie es in der Einkaufstüte vergessen haben? Ich bedaure noch immer den armen Menschen, der sich auf dem Parkplatz in ein Gespräch verwickeln ließ und anschließend beim Losfahren seinen eigenen Aktenkoffer überfuhr.

Entscheidungsschwäche

Da wir so eine furchtbare Angst vor Fehlern haben und immer alles perfekt machen wollen, tun wir uns ungeheuer schwer mit Entscheidungen. Brauche ich den Technik-Katalog noch oder nicht? Trage ich den Pullover noch oder nicht? Soll ich lieber Fisch oder Fleisch kochen? Soll ich meine Adresskartei so ordnen oder anders? Soll ich das Regal links oder rechts oder gar nicht aufbauen? Das Resultat: „Hilfe! Ich kann mich nicht entscheiden! Ich entscheide mich *später*!"

Impulsivität (Spontaneität)

Otto hat soeben drei Teile abgewaschen. Plötzlich fällt ihm der Artikel in seiner Computer-Zeitschrift wieder ein. Spontan lässt er die Abwaschbürste fallen, schnappt sich die Zeitschrift, studiert den Artikel und hockt eine halbe Stunde später aufgeregt vor seinem PC.

Unsere Impulsivität hat oft zu tun mit der Plan- und Ziellosigkeit, mit der wir durch den Tag stolpern. Erschwerend kommen unsere Ablenkbarkeit und Vergesslichkeit hinzu. Otto hat nach zwei Minuten den Abwasch total vergessen!

ACHTUNG! An diesem Punkt ist noch Folgendes zu beachten: Wenn uns eine Arbeit langweilig, schwierig oder sonstwie unangenehm erscheint, tricksen wir uns auf zwei Arten selber aus. Zum einen durch *Vermeidungsverhalten*: Wir fangen eine Arbeit gar nicht erst an. Zum anderen durch *Fluchtverhalten*: Eine angefangene Arbeit wird unterbrochen oder abgebrochen.

Extremverhalten (Tendenz zur Übertreibung)

Wenn wir ein Hobby haben, hängen wir uns voll rein. Wenn wir im Verein tätig sind, dann sind wir das mit ganzem Einsatz. Wenn wir jemandem helfen, darf er oder sie uns 24 Stunden nonstop in Anspruch nehmen. Wenn wir mal aufräumen, dann geht das so: Stundenlang werden die Videos überprüft, etikettiert, alphabetisch sortiert. Nach zwei Stunden Schrauben sortieren steht da eine perfekte Schraubensammlung bereit, aber der Abwasch, die Wäsche, der Staub bleiben liegen. Wir sammeln Infos rund um das Thema „Schiffsmodellbau". Was jemals darüber geschrieben und gesagt wurde oder im Internet zu finden ist – wir haben es zu Hause archiviert!

Disziplinmangel (Abwehr von Selbstkontrolle)

Wir verhalten uns mehr oder weniger passiv und lassen alles so laufen. Wir versuchen zu wenig oder gar nicht, Kontrolle über uns selbst, unsere Zeit, unseren Alltag, unser Leben auszuüben. „Selbstdisziplin" ist ein Wort, das wir in unserem Sprachgebrauch gar nicht mögen. Wir wollen immer gern flexibel sein. In gewisser Weise pflegen wir einen infantilen Umgang mit uns selbst. Kinder wollen Bedürfnisbefriedigung – und zwar *sofort*. Kinder leben weitestgehend nach dem Lustprinzip. Kinder machen etwas Bestimmtes, wenn sie in der Stimmung dazu sind. Sie lassen es bleiben, wenn sie keine Lust an der Sache haben. Wir Messies benehmen uns oft wie Kinder. Wir möchten wie Kinder am liebsten nur nach dem Lustprinzip vorgehen. „Ich habe keine Lust jetzt abzuwaschen!" – „Ich bin nicht in der Stimmung, jetzt meine Klamotten aufzuräumen!" – „Heute ist nicht mein Tag, um großartig zu putzen."

Aufschieberitis

Im ständigen Aufschieben von Arbeiten sind wir Messies wahre Meister. Niemand betreibt das so exzessiv wie wir. Vom Fensterputzen über Fußbödenwischen bis hin zum Briefeschreiben – wir verschieben und verschieben. Und wo es brenzlig wird, arbeiten wir „auf den letzten Drücker".
Das Aufschieben hat auch zu tun mit einigen der bereits genannten Punkte, z. B. mit der mangelnden Selbstdisziplin, mit der Entscheidungsschwäche, mit dem Perfektionismus, mit der Impulsivität (siehe auch Kapitel 5/1).

Langsamkeit

Wir sind in vielem langsamer als die Nicht-Messies. Beobachten

Sie einmal, wie blitzschnell ein Cleanie Wäsche sortiert, und vergleichen Sie das mit einem Messie. Oder beim Fensterputzen. Ich habe mal für ein Fenster über 20 Minuten gebraucht. Mein Mann kam mir mitleidsvoll zu Hilfe und war mit dem zweiten Fenster nach 5 Minuten fertig. Weil es in unserem Gehirn offenbar wie Kraut und Rüben durcheinander geht, können wir nicht so gut organisatorische Muster in unserem Gehirn erstellen. Wir haben eine langsamere Auffassungsgabe und verarbeiten Informationen nicht so schnell wie andere. Hinzu kommt unser Perfektionismus. Dadurch dauert eine Arbeit auch oft länger.

Chaosdenkstruktur
Offensichtlich geht es in einem Messie-Gehirn nicht so aufgeräumt zu wie bei anderen. Speziell zu diesem Punkt wird unter den vielen Laien und wenigen Fachleuten innerhalb der Messie-Szene heftig diskutiert. Das Dumme ist, es gibt noch keinerlei Feldforschung zu diesem umstrittenen Thema. Bislang können wir nur vermuten, dass an der Hypothese mit der „Besonderheit des Messie-Gehirns" etwas Wahres dran ist.
Beobachten Sie sich in der nächsten Zeit einmal selbst: Merken Sie, in Ihrem Kopf ist fast immer unglaublich viel los! Hinter Ihrer Stirn scheint es einen brodelnden Vulkan zu geben. Mit wie viel Gedanken sind Sie gleichzeitig beschäftigt, die in einem atemberaubenden Tempo hin und her springen! Sie denken in einem Moment über etwas *aus der Vergangenheit* nach. Fünf Sekunden später grübeln Sie über eine Sache nach, die noch *in der Zukunft* liegt. Eine Minute danach drängt sich Ihnen eine Idee für *den heutigen Tag* auf.

Gehen Sie bitte die „Hitliste" der messietypischen Eigenarten noch einmal durch. In den verschiedenen Punkten steckt so viel Potenzial zum Nachdenken, dass wir uns das restliche Buch hindurch ausschließlich damit befassen könnten. Es kommt nicht von ungefähr, dass Messies, die schon eine Weile dabei sind, anderen Messies immer wieder empfehlen, sich einer Selbst-

hilfegruppe anzuschließen. Es sind in der Tat eine Menge Themen, die wir Messies miteinander bereden kön-
nen.

> Im Leben eines jeden Menschen gibt es dunkle und helle Stellen, Schwächen und Stärken. Ich darf mich selbst so annehmen, wie ich bin, mit meinen starken und meinen schwachen Seiten.

Eines liegt mir besonders am Herzen: Verdammen
Sie sich bitte nicht länger für Ihre „schwachen"
Seiten. Lernen Sie immer mehr, auch diese „Mes-
sie-Anteile" in Ihrer Persönlichkeit anzunehmen.
Nicht nach dem Motto: „So bin ich eben! Basta!",
sondern nach dem Motto: „Das gehört auch zu
mir. Ich möchte lernen, damit künftig besser
umzugehen und mit mir selbst einen gnädigen,
fürsorglichen, freundlichen Umgang zu pflegen."
Eine der Grundlagen raus aus dem Messie-Leid ist
Humor. Entwickeln Sie eine gehörige Portion Humor für Ihre
Messie-Marotten. Früher hatte ich eine Stinkwut gegen mich
selbst, inzwischen kann ich mich schlapplachen, wenn ich mal
wieder in eine der „Messie-Fallen" reingetappt bin.

2/3 Sagen Sie Ja, bevor es zu spät ist

Sagen Sie „JA"!
Sagen Sie JA zu einer Veränderung in eine positive Richtung,
sagen Sie JA zu einem veränderten Alltag, der Ihre Lebensqualität verbessert. Sagen Sie JA, bevor es zu spät ist!

Sagen Sie JA, bevor ...
... Ihre restlichen Energien und Motivationen erloschen sind.
... die Nachbarn mit Mobbing anfangen.
... Ihr Hauswirt heimlich eine Anzeige beim Gesundheitsamt
macht.
... der Gerichtsvollzieher vor der Tür steht.
... Ihre Schurwoll-Pullover von Motten zerfressen sind.
... kleine Krabbeltierchen Ihre Küche in Beschlag nehmen.

... auch Ihr letzter Freund entnervt aufgibt.

... Ihr Vermieter eine Abmahnung schreibt.

... plötzlicher Besuch wieder vor der Tür bleiben muss.

... Ihr nächster Geburtstag wieder teuer außer Haus gefeiert wird.

... Ihre Kinder sich nur noch für Sie schämen.

... auch die 24. Putzfrau das Handtuch schmeißt.

... Ihre Partnerin die Koffer packt und geht.

Dies ist der erste Tag vom Rest Ihres Lebens!

Ich denke, so ungefähr das Schlimmste, was einem Messie-Mann passieren kann, ist, wenn die Partnerin sich für die Trennung entscheidet, weil sie das häusliche Chaos nicht länger aushalten kann. Falls Sie mit Ihrer Freundin oder Ehefrau in einem Haushalt gemeinsam leben, sollten Sie sich bewusst machen, dass Ihre Partnerin unter Umständen mehr unter Ihrem desorganisierten Leben leidet, als sie das – aus vermeintlicher Rücksicht auf Sie – Ihnen gegenüber offen zugibt. Es folgen Auszüge aus einem Interview mit der Partnerin eines Messie-Manns:

Als du deinen Partner kennen gelernt hast, wie war das mit dem Chaos?
„Es gab für mich keinen Hinweis. B. hat nur mal von sich behauptet, er sei faul. Im Nachhinein ist mir auch erst aufgefallen, dass seine letzte Wohnung, die er allein hatte, ausgesprochen chaotisch war. – Das Verliebtsein macht ja blind."
Wie war das dann, als ihr zusammengezogen seid?
„Dann fiel es mir wie Schuppen von den Augen: Ich bin ja zuerst eingezogen, und als er einzog, holte er aus drei verschiedenen Zwischenlagern seinen Kram ... Nach seinem Einzug war die Wohnung voll, einschließlich des kleinen Kellers ...
Für den ersten Sohn musste umgeräumt werden. Für den zweiten Sohn musste noch mal umgeräumt werden. Wir haben ein

weiteres Mal umgeräumt, weil ich das Chaos immer vor Augen hatte, weil es sich so an die offene Küche anschloss. Schließlich habe ich B. überredet, in ein separates Zimmer zu ziehen. Obwohl das eigentlich das große Kinderzimmer war ... Das hatte Nachteile für die Kinder. Sie haben zwar jetzt das Zimmer auf der Sonnenseite, aber das ist um die Hälfte kleiner als das, was B. hat. Bis heute jammern sie sehr darüber."

Warst du mal verbittert gegen deinen Partner? Gab es Gespräche?

„Es gab viele Gespräche, es gab viele Zeiten mit arger Verbitterung!"

Hat das etwas geändert?

„Nein, es hat nichts geändert."

Kannst du dich in die Messie-Problematik einfühlen, sie verstehen?

„Ich habe so ziemlich alle Phasen durch. Wut, Verbitterung, Verständnis. Zurückziehen und dann für mich den Weg finden, wie ich damit leben kann. Vor allem in einer Reha-Maßnahme habe ich das gelernt. Den Messie zu verstehen, habe ich immer wieder versucht. Ich habe von Sandra Felton ein Buch dazu gelesen. Ich glaube, ich habe zu viel Verständnis entgegengebracht."

Wie gehst du heute mit der Situation um?

„Seit ich meinen Partner dazu bringen konnte, das größere, abgeschlossene Zimmer zu nehmen, haben wir die Regel, dass außerhalb dieses Zimmers einigermaßen Ordnung herrscht. Ich kämpfe immer, immer wieder dagegen. Ich habe so das Gefühl, ich halte immer mit beiden Händen die Tür zu seinem Zimmer zu, damit das Chaos nicht rausquillt. Es bleibt ein ständiger Kampf, der aber nicht im Streit gipfelt. Ich lasse es einfach nicht zu, dass sich so etwas über längere Zeit auswirkt. Ein paar Wochen und dann muss es weg."

Wenn du etwas ändern könntest, was würdest du ändern wollen?

„Natürlich würde ich gern dieses Zimmer gemeinsam mit meinem Mann verändern. Das hat er sich schon gewünscht, am

Anfang der Ehe. Das ist aber einfach nicht durchführbar. Wenn ich ein Teil in die Hand nehme und sage, das kann weg, dann sagt er, das kann nicht weg ..."

Wie gehen eure Söhne mit der Situation um?

„Wenn ich den Kindern sage, räumt auf, dann weisen sie mich auf das Zimmer von ihrem Papa hin ..."

Wie bist du in all den Jahren mit Besuch umgegangen?

„Ich habe viele Leute nicht eingeladen, weil ich mich geschämt habe für die Unordnung bei uns in der Wohnung. Ich war eigentlich immer ein sehr kontaktfreudiger Mensch, der immer viele Besucher hatte. Es hat isoliert. Ich glaube, es isoliert immer noch ein bisschen."

Hast du in der ganzen Situation schon mal an Trennung gedacht?

„Ja, schon sehr häufig. Das ist und bleibt eine sehr belastende Situation. Selbst wenn dieses Chaos sich hinter verschlossener Tür abspielt, muss man trotzdem damit leben, auch wenn man es nicht immer vor Augen hat. Es ist ein ganz, ganz großer Störfaktor in der Wohnung."

Wie ist es insgesamt, das Leben mit einem Messie?

„Es ist furchtbar schade, dass so eine Sache die Beziehung stark belastet, die ganze Familie, denke ich, stark belastet. Eine Beziehung leidet sehr darunter."

Amt, Ämter, am Ämtersten

Befürchten Sie, Sie könnten wegen Ihrer Chaos-Wohnung Probleme mit Ihrem Vermieter kriegen? Machen wir uns mal ein paar Gedanken über die rechtliche Situation: Im Grunde kann jeder Mieter in seiner Wohnung tun und lassen, was er will. Der Mieter hat Hausrecht gegenüber dritten Personen, d. h., er ist frei in der Entscheidung, wem und wann er Einlass zu seiner Wohnung gewährt. Allerdings hat der Vermieter ein Besichtigungsrecht, welches er gerichtlich durch-

Ein Exkurs von Uwe

setzen kann. Auch können Polizei und Feuerwehr bei Gefahr im Verzuge die Wohnung öffnen.

Man(n) kann in seiner Wohnung relativ sicher mit seinem Chaos leben, ohne eine Kündigung befürchten zu müssen. Wichtig ist natürlich, dass man(n) als Mieter nicht unangenehm auffällt! Also müssen mehrere Punkte unbedingt beachtet werden:

- Machen Sie kein Chaos in öffentlich zugänglichen Bereichen, also Treppenhaus, Eingangsbereich, Keller, Waschküche, Dachboden, Garten.
- Sorgen Sie immer für frische Luft in der Wohnung. Die Gefahr von Schimmelbildung in total zugestellten Räumen, wo kein Zugang zum Fenster mehr möglich ist, ist enorm groß. Und dann könnte Ihnen der Vermieter Substanzgefährdung vorwerfen.
- Passen Sie auf, dass Sie in der Wohnung keine lebendigen Probleme kriegen (Kakerlaken, Käfer usw.). Sobald das die Nachbarn im Haus mitkriegen, sieht es für Sie rechtlich gar nicht mehr spaßig aus.
- Achten Sie auf pünktliche Mietzahlungen. Nicht gezahlte oder unpünktlich gezahlte Mieten können schnell zum Kündigungsgrund werden.
- Halten Sie sich an die Regeln der Hausordnung (keine laute Musik usw.).
- Machen Sie immer schön brav die Hauswoche bzw. den Schneeräumdienst.
- Seien Sie in Ihrem Mietshaus ein netter, friedliebender Mitbewohner. Damit Nachbarn nicht auf die Idee kommen, mit einem fiesen Mobbing anzufangen.

Sichern Sie sich mit einer Rechtsschutzversicherung oder der Mitgliedschaft in einem Mieterverein ab, bevor der eventuelle Ernstfall eintritt. Aber kriegen Sie nicht unnötig Panik. In den Amtsstuben sitzen keine Monster, sondern Menschen, denen begreiflich gemacht werden kann, dass da jemand ein echtes Problem hat und vor allem Hilfe und Rechtsbeistand braucht.

Hier zwei Gerichtsurteile, die im Kontext unseres kleinen Exkurses ganz interessant sind:

„In einer Wohnung ist der Mieter sein eigener Herr. Den Vermieter geht es grundsätzlich nichts an, ob der Mieter Ordnung hält oder nicht. Zu diesem Ergebnis kommen sowohl das Amtsgericht Frankfurt (Az. 33 C 2515/97-67) als auch das Amtsgericht Wiesbaden (Az. 92 C 5387/96-13). Die Gerichte wiesen jeweils fristlose Kündigungen seitens des Vermieters wegen Verwahrlosung der Wohnung ab. Die vorgelegten Fotos zeigten zwar eine ‚völlig indiskutabel, nicht aufgeräumte Wohnung‘, meinte das Amtsgericht Wiesbaden. ‚Ein schlecht dekorierter Zustand infolge unterlassener Schönheitsreparaturen‘ führe jedoch nicht zu einer Substanzgefährdung der Räume, wie vom Vermieter behauptet. Das ‚zentimeterhohe Herumliegen von Zeitungen, Computerteilen und Kleidungsstücken auf dem Boden‘ berechtigen den Vermieter ebenfalls nicht zu einer fristlosen Kündigung, urteilt das Amtsgericht Wiesbaden. Dem Mieter sei es gestattet, die Wohnung nach ‚eigenem Geschmack zu möblieren, zu nutzen und zu gestalten‘. Durch eine ‚bloße Unordnung‘ drohe der Wohnung kein Schaden.“

Exkurs Ende

Der perfekte Tag, um „JA" zu sagen

Möglicherweise schießt Ihnen folgender Gedanke durch den Kopf: „Ich kann doch *jetzt noch nicht* aufräumen! Erst muss ich mich noch eingehender mit meinem Problem befassen! Ich muss noch viel lesen und genauere Recherchen anstellen! Vor allem muss ich herausfinden, welche Ursachen die ganze Angelegenheit hat!"

Ihr Argument lautet also verkürzt: „Ich kann erst aufräumen, wenn ich die Ursachen für mein Problem kenne!"

Moment mal! Zu solcher Art Argumentation habe ich meine ganz eigene Meinung. Lassen Sie uns das kurz diskutieren. Vergleichen wir Ihr Problem mit anderen ...

Am Beispiel „Diabetes"
Jeff hat Diabetes. Das hat der letzte Arztbesuch klargestellt. Jeff muss umgehend anfangen, Insulin zu spritzen. Würde er erst noch wochenlang nach dem Grund für seine Diabetes forschen, spielt er Russisch Roulette mit seiner Gesundheit.

Am Beispiel „Depression"
Sascha ist stark depressiv. Der Arzt möchte umgehend mit einem Antidepressivum starten. Das Resultat: Sascha wird medikamentös behandelt zu einem Zeitpunkt, wo er noch nicht in Therapie ist und noch keinen Erklärungsansatz für seine Depression gefunden hat. Also auch hier: erst Symptombehandlung, danach Ursachenforschung.

Viele Messies vor Ihnen sind der beste Beweis dafür, dass man(n) als Messie sehr wohl in der Lage sein kann, sein Chaos in Angriff zu nehmen, ohne bereits die Ursachen für sein Messie-Dasein geklärt zu haben.

Selbstverständlich ist es von großer Wichtigkeit, nicht nur am Symptom zu arbeiten, sondern sich auch der Ursachenfrage zuzuwenden. Sicher ist es ideal, das Ordnen und Entrümpeln des äußerlichen Chaos parallel mit dem Aufräumen des innerlichen Chaos laufen zu lassen. Aber glauben Sie mir: Ein Analysieren und Modifizieren der messietypischen hinderlichen Denk- und Handlungsweisen im Messie-Alltag sind für manche Messies vor Ihnen die ersten wichtigen Schritte in Richtung Veränderung gewesen, um praktisch tätig werden zu können.

> Nicht, weil die Dinge so schwer sind, wagen wir es nicht, sondern weil wir es nicht wagen, sind die Dinge so schwer.

SCHLUSS MIT DEM CHAOS

Kapitel 3

Aufräumen – aber richtig

3/1 Zu jedem Deckel einen Topf

Sie wollen aufräumen? Na prima! Räumen Sie auf ... Halt!
Stopp! Nicht sofort ins Auto stürzen, zum Supermarkt rasen und
20 leere Bananenkartons holen. Bevor Sie auch nur einen Finger
krümmen: Zuerst ist ein wenig Theorie dran! Warum ich Sie
gemeinerweise mit Theorie belästige? Weil sich in Ihrem
Zuhause erst etwas ändert, wenn Sie in Ihrem Kopf was ändern!

Stichwort: Vision
Der erste wichtige Prozess in Ihrem Kopf: Entwickeln Sie eine
gute Vision. Wie? Na, ganz einfach: Wie sieht Ihre Traumfrau
aus? Blond, rothaarig, eine Brünette, oder hätten Sie lieber eine
schwarzhaarige Schönheit? Klein und zart oder eher etwas rund-
lich? Also, diese Traumfrau ziehen Sie jetzt gedanklich bitte an.
(Richtig gelesen!) Na ja, ich denke da an so ein langes, schim-
merndes Gewand bis auf die Füße runter. Kurz gesagt, Ihre
Traumfrau soll aussehen wie eine Fee. Und sie soll zaubern können wie eine Fee. Natürlich soll sie auch ihren glitzernden Zau-
berstab dabeihaben.
Diese Fee klingelt nun an Ihrer Haustür. (Oder zaubert sich einfach durch die Wand.) Sie schwebt in Ihren Flur hinein und
erklärt Ihnen mit einem bezaubernden Lächeln, sie würde Ihre
Wohnung ganz nach Ihren Wünschen verändern. Na, hört sich
das gut an? Versuchen Sie es bitte einmal: Setzen Sie sich gemütlich hin, schließen Sie die Augen und spazieren in Gedanken mit
der Fee an der Hand durch die einzelnen Zimmer. Wie soll
künftig der Eingangsbereich aussehen? Was soll mit dem Wohnzimmer werden? Und Ihre Ideen in Sachen Schlafzimmer? Konkrete Vorstellungen zur Küche? Was könnte mit dem Balkon
geschehen? Wie soll das Bad einmal aussehen? Ihr Traum vom
Arbeitszimmer ist welcher?
Wenn Sie mit Ihrer Reise zu Ende sind, sagen Sie der Fee „Lebe
wohl", schnappen sich Stift und Papier und notieren bitte alles,
was Ihnen zu jedem Raum an Visionen aufgetaucht ist. Es ist gut

möglich, dass Sie bei einem Zimmer detaillierte Vorstellungen haben, bei einem anderen jedoch liegt alles wie in einem dichten Nebel. Das kann passieren. Das ist zunächst okay. Nur darf es nicht bei diesen Nebelschwaden bleiben. Bleiben Sie dran, und überlegen Sie, wer oder was Ihnen zur Konkretisierung Ihrer Ideen helfen könnte.

Bevor Sie entrümpeln und Ordnung machen, brauchen Sie ganz konkrete Vorstellungen. In etwa so: Das Zimmer hinten links wird künftig: ... In das Zimmer werden folgende Möbel kommen: ... Folgende Gegenstände gehören künftig in das Zimmer: ...

Glauben Sie mir, es ist ungeheuer wichtig, dass Sie einen Traum, eine Vision für Ihr Haus entwickeln. Aus dieser **Vision** lassen Sie ein **Konzept**, einen **Plan** entstehen. Im letzten gedanklichen Schritt entwickeln Sie konkrete **Ziele**.

> Große Geister haben Ziele, die anderen haben nur Wünsche.
> W. Irving

Okay, werde ich doch mal konkret:

Das Beispiel

Lukas hat einen großen überdachten Balkon auf der Sonnenseite seiner Wohnung, den er seit mehr als 4 Jahren nicht mehr benutzen kann. Es stapeln sich Müllsäcke mit Altpapier und Altglas. Drei Teppichläufer, ein verrosteter Liegestuhl sowie zwei kaputte Küchenstühle vergammeln. Dazwischen stehen leere Bier- und Limokisten, ein Weihnachtsbaum mit Lametta dran. Im Übrigen gibt es noch mehrere Blumentöpfe mit vertrockneten Pflanzen. Die Krönung ist ein seit 5½ Jahren nicht repariertes Rennrad. Sein Gedanke in dieser Sache ist: *„Irgendwie müsste ich mal den Balkon entrümpeln."*

Sorry, da muss ich unbedingt einhaken. Was Lukas da ausspricht, ist ein Wunsch, eine Absichtserklärung, aber keine fassbare Zielformulierung!

Absicht contra Ziel

Absichten sind ...
- unklar (nebulös, verschwommen),
- nicht nachprüfbar,
- nicht erreichbar.

Ziele dagegen sind ...
- eindeutig und konkret formuliert,
- nachprüfbar,
- erreichbar.

Was – Wann – Wie

Bei der Balkon-Misere von Lukas hieß es: „Irgendwie den Balkon irgendwann entrümpeln." Was meint er mit *irgendwie*? Wann ist *irgendwann*? Wie definiert er *entrümpeln*? Lukas braucht klare, möglichst schriftlich festgelegte Ziele:

Das Ziel: *„Bis zu meinem Geburtstag werde ich den Balkon umgestaltet haben!"*

Zielmaßnahmen:
- Bis zum ... werde ich den Inhalt der Müllsäcke in den Containern beim Supermarkt entsorgen.
- Bis zum ... werde ich das alte Rennrad der Fahrradwerkstatt des Jugendzentrums schenken.
- Die kaputten Küchenstühle, der Liegestuhl, die Teppiche und die Blumentöpfe kommen am ... in den Sperrmüll.
- Bis zum ... bringe ich die Leergutkisten zum Getränkemarkt zurück.
- Bis zum ... zersäge ich den Weihnachtsbaum, entsorge vorher das Lametta und packe die Stücke in die Bio-Tonne. Ebenso die vertrockneten Pflanzen.
- Bis zum ... habe ich den Balkon gründlich gefegt und gewischt.
- Bis zum ... kaufe ich einen in den Maßen passenden Kunstrasen und lege ihn auf dem Balkon aus.

- Bis zum ... kaufe ich mir für den Balkon passende Gartenmöbel.
- Bis zum ... habe ich die leeren Balkonkästen neu bepflanzt.
- Bis zum ... hole ich mein Grillgerät aus dem Keller hoch, säubere es und stelle es auf den Balkon.

Am Ziel: Lukas hat sein Ziel fristgerecht bis zu seinem Geburtstag Wirklichkeit werden lassen. Was für einen lustigen, gemütlichen Grillabend konnte er mit seinen zwei besten Kumpels auf dem Balkon veranstalten! Und er konnte sich selbst auf die Schulter klopfen und denken: „Mann! Das habe ich echt gut hingekriegt!"

Stichwort: Weg und Ziel
Falls Sie an freien Tagen ab und zu wandern gehen und Ihre Wanderung üblicherweise mit einem Mittagessen unterbrechen, dann ist das Restaurant Ihr erstes Ziel. Bevor Sie losmarschieren, müssen Sie bereits entschieden haben, auf welchem **Weg** Sie zu Ihrem **Ziel** gelangen wollen. Oder sind Sie einer von den Optimisten, die einfach drauflosmarschieren und darauf hoffen, zufällig irgendwo unterwegs auf eine Gastwirtschaft zu treffen? Auf die Gefahr hin, mit hungrigem Magen und furchtbarem Durst „im Sumpf" zu landen? Wir Messies sind doch oft wie Wanderer ohne Weg und Ziel in schwierigem Gelände. Wenn Sie in Ihr Chaos tatsächlich Ordnung bringen wollen, müssen Sie Ihr **Ziel** und den **Weg** dahin kennen.
Sie werden in Ihrem Bemühen aber nur dann erfolgreich sein, wenn Sie vorweg in Ihrer Planung eine willentliche Grundsatzentscheidung getroffen haben:

Ich entscheide mich ...
... für ein ordentliches Zuhause!
... von meinem vielen Zeug viel für immer aus dem Haus zu schaffen!
... jedem Zimmer eine sinnvolle Funktion zuzuordnen!
... für jeden Gegenstand in meinem Haushalt einen „Stammplatz"
festzulegen!

Stichwort: Stammplätze

Das ist jedem, der nicht ein Messie ist, sonnenklar. Für Messies dagegen ist das ein Zauberwort, eine Offenbarung. Zu komisch, wo es doch eigentlich so simpel ist! Als ich das damals verinnerlicht hatte, kapierte ich auch, warum die Dinge in meiner Wohnung ständig auf Wanderschaft waren. Ist doch klar! Es gab keine Stammplätze! (Bis vor einiger Zeit war ich gelegentlich auf der Suche nach Batterien. Wie oft hatte ich alte und neue Batterien nebeneinander gelegt. Ohne Batterie-Testgerät eine fatale Sache. Das Problem ist mittlerweile gelöst. Altbatterien haben ihren Stammplatz und die neuen auch.)

Wissen Sie, wer das mit den Stammplätzen erst einmal beherrscht, ist ein glücklicher Messie. Mit viel mehr Zeit für die interessanten Dinge des Lebens ... Keine nervige, stundenlange Sucherei mehr. Herrlich!

Eine Warnung in diesem Zusammenhang: Kommen Sie bloß nicht auf die Idee, in dem für Messies typischen Perfektionismus immer mal wieder nach „noch besseren" Stammplätzen Ausschau zu halten! Das würde nur dazu führen, dass Sie sich irgendwann nicht mehr an den zuletzt gültigen Stammplatz erinnern können. Die Konsequenz: Sie wären wieder ständig am Suchen! Und Ihre arme Familie erst, falls Sie eine haben ... Ich selbst habe in der ersten Zeit gemeint, für diese oder jene Sachen einen „noch besseren" Platz finden zu müssen. Also war mal wieder eine Umräumaktion angesagt. Damit habe ich meinen armen Ehemann irgendwann zur Verzweiflung getrieben. Stellen Sie sich vor, Sie schlurfen morgens noch im Halbschlaf zum Kleiderschrank, um an gewohnter Stelle nach frischen Socken, frischem Slip und frischem Unterhemd zu greifen. Am Vorabend hat ein Heinzelmännchen ohne Ihr Wissen alle Ihre Kleidung umgeräumt. Sie greifen also nach völlig falschen Kleidungsstücken. Sie sind ein Mann von ruhigem Gemüt, gewöhnen sich an die neuen Plätze für Ihre Wäsche, und dann: Ein paar Wochen später kommt morgens erneut das schlimme Erwachen: Meine Frau hat umgeräumt!!! Wie oft würden Sie diese Tortur mitmachen, bis Ihr Geduldsfaden reißt? Der langen Rede kurzer Sinn: Stammplätze sind okay. Nach dem „perfekten" Stammplatz für dies und das zu fahnden ist nicht okay. Bremsen Sie Ihren Perfektionismus in dieser Angelegenheit ganz gewaltig! Sollten Sie übermäßig zerstreut sein und Bedenken haben, Sie könnten die neu geschaffene Zuordnung der Dinge vergessen, dann legen Sie sich eine Art „Registerheft" zu, in dem Sie genau notieren, wo welcher Gegenstand künftig seinen Stammplatz hat.

Stichwort: Entscheidungen

Mittlerweile ist Ihnen vielleicht etwas flau im Magen. Verstehe ich gut. Sie ahnen, wie viele einzelne Entscheidungen vor Ihnen liegen. Und das bei Ihrer messietypischen Entscheidungsschwäche. Bedenken Sie, wie wollen Sie aufräumen, wenn Sie

> Eine vertagte Entscheidung ist gar keine Entscheidung!

sich dabei nicht entscheiden? Sie würden den ganzen Kram ja doch nur wieder unentschlossen von einer Ecke in die andere räumen! Das haben Sie x-mal so gemacht. Das ist bullshit. Davon haben Sie doch bestimmt die Nase gestrichen voll, oder?

Sie wollen endlich klar Schiff machen. Und was passiert? Erstes Beispiel: Sie finden in den Schränken, unterm Sofa, hinterm Fernseher und im Kühlschrank Fotos, Dias, Negative, unentwickelte Filmrollen. Wo soll der Kram künftig hin? In welches Zimmer? In welches Möbelstück? Wenn Sie das nicht vorher klipp und klar entscheiden, wissen Sie nicht, wohin mit den Fotosachen, stopfen diese dann in eine Plastiktüte, murmeln sich in Ihren Bart: „Darum werde ich mich später kümmern!" und stellen die Tüte in eine Ecke Ihres Schlafzimmers, dessen Fußboden schon seit langem als „Dauer-Zwischenlager" dient für Dinge, um die Sie sich „später kümmern wollen".
Noch ein zweites Beispiel: In jedem Zimmer fliegen bei Ihnen Bücher herum, sogar im Bad neben der Toilette (ich hoffe für Ihre Bücher, Sie sind ein „Sitzpinkler"). Bei einer Ihrer Aufräumaktionen sammeln Sie in allen Zimmern alle Bücher in

Kisten ein. Klasse! Nur wohin damit? Sie stehen unschlüssig mit
den übervollen Bücherkisten im Flur herum. Sie haben kein
Konzept, kein Ziel und überhaupt nicht bemerkt, dass Sie gar
kein Bücherregal besitzen!
Ach so, da fällt mir ein, ich wollte auf Ihr flaues Gefühl in der
Magengegend noch einmal eingehen: Scherz beiseite! Sich durch
das Chaos einer Messie-Wohnung durchzuarbeiten ist ungefähr,
wie sich mit einem Buschmesser durch den Dschungel durch-
zukämpfen. Das kann zunächst Unwohlsein oder sogar Angst
erzeugen. Mir hat damals ein Bild geholfen ...

Stichwort: Berg contra Steinhaufen
Der Berg: Jemand gibt Ihnen den Auftrag: „Du, da hinten ist ein
Berg. Den sollst du hinaufsteigen!" Stellen Sie sich also einen
riesigen Berg vor, den Sie hinaufklettern sollen. Allein die Vorstellung reicht aus, dass Sie erschöpft sind, oder? Wie unangenehm, wie anstrengend. Wie soll das jemals zu schaffen sein?
Haben Sie solch ein Bild von einem Riesenberg in Ihrem Kopf
verinnerlicht, wenn Sie an Ihre Chaoswohnung denken?
Der Steinhaufen: Jemand gibt Ihnen den Auftrag: „Du, da vorn
ist ein Steinhaufen. Geh bitte jeden Tag kurz mit einer Schub-
karre an dem Steinhaufen vorbei. Lade ein paar Steine auf. So
kannst du nach einiger Zeit den Steinhaufen abtragen. Jeden Tag
ein paar Steine, das reicht. So bist du bald am Ziel."
Betrachten Sie Ihre Chaosansammlung bitte nicht länger als
einen großen Berg. Gehen Sie über zu dem Bild mit dem Steinhaufen. Dieses neue Bild wird Sie hoffentlich ein wenig entlasten.
Mehrfach habe ich erlebt, dass Messies im Vorfeld, also im
gedanklichen Antizipieren der Aufräumarbeit, mehr Angst hatten als später beim Aufräumen selbst. Ganz im Gegenteil, die
Angst, das Unwohlsein, verschwand zusehends und machte
einer vorher nicht erahnten Freude und Erleichterung Platz.
Genau dazu fällt mir ein Spruch ein, den ein Freund mir vor
Urzeiten ans Herz gelegt hat:

„Tu das, was du fürchtest, und die Furcht wird einen sicheren Tod sterben."

Es ist gut möglich, dass Sie die ersten Aufräumaktionen als ziemlich anstrengend empfinden. Das ist nicht verwunderlich, schließlich sind Sie es nicht gewohnt, solche Art Entscheidungen zu treffen (wie im nächsten Kapitel beschrieben). Lassen Sie sich nicht von vornherein davon abschrecken. Vieles im Leben muss man sich mit viel Übung erst antrainieren. Das Autofahren haben Sie doch auch nicht gleich nach fünf Fahrstunden beherrscht.

> Alle Dinge sind zuerst schwer, bevor sie leicht werden.

Stichwort: Der Vorher-Nachher-Vergleich
BISHER ist Ihre Vorgehensweise zu kompliziert gewesen.
  VON NUN AN sind Ihre Methoden einfach und überschaubar.
BISHER haben Sie erschöpfende Mammutaktionen durchgeführt.
  VON NUN AN arbeiten Sie mäßig, aber regelmäßig; langsam, aber sicher.
BISHER sind Sie unstrukturiert vorgegangen.
  VON NUN AN arbeiten Sie systematisch bzw. strukturiert.
BISHER haben Sie die Gegenstände nicht zugeordnet.
  VON NUN AN erhält jedes Teil seinen festgelegten Stammplatz.
BISHER haben Sie alles und jedes gesammelt.
  VON NUN AN sammeln Sie nach realen Interessen und Notwendigkeiten.
BISHER haben Sie Ihre Gedanken und Gefühle nicht analysiert.
  VON NUN AN werden Sie Ihre Denkmuster unter die Lupe nehmen.

Exkurs

Denkmuster von Messies

Die Sache mit den messietypischen Denkweisen muss unbedingt genauer beleuchtet werden. Messies haben verschiedene „irrationale Kognitionen" (= irrige Lehrsätze) verinnerlicht,

... die das Chaos mit verursacht haben.

... durch die das Chaos aufrechterhalten wird.

... die den Messie bei der Chaosbekämpfung blockieren.

Einige Therapiemethoden haben die 2000 Jahre alte Erkenntnis der Stoiker zugrunde gelegt: „Nicht die Dinge selbst beunruhigen die Menschen, sondern ihre Meinung über die Dinge."

Ein simples Beispiel zur Veranschaulichung

A = auslösendes Ereignis (Ausgangssituation; vom engl. „Activating stimulus")

B = Bewertung (Denkmuster, Einstellung; vom engl. „Beliefsystem")

C = Reaktion (Handlung und Gefühle; vom engl. „Consequence")

A: Der **Cleanie** Manfred hält eine alte Zeitung in der Hand. Seine Aufgabe ist, die Zeitung wegzuwerfen.

C: Er wirft die Zeitung *sofort* weg. Er ist erleichtert.

B: *„Ich gebe mich mit veralteten Infos nicht ab, die belasten mich nur!"*

A: Der **Messie** Otto hält eine alte Zeitung in der Hand. Seine Aufgabe ist, die Zeitung wegzuwerfen.

C: Nach langem Zögern wirft er die Zeitung weg. Er ist beunruhigt.

B: *„Wissen ist Macht. Da steht sicherlich noch was Wichtiges drin. Das habe ich jetzt bestimmt verpasst."*

Merken Sie? Die Ausgangssituationen sind identisch. Die Handlungs- und Gefühlsreaktionen jedoch sind bei Cleanie und Messie unterschiedlich. Die Bewertung **B** ist hierbei das Wichtigste! Die so genannten „irrigen Lehrsätze" sind Ihnen nur selten oder gar nicht bewusst. Hören Sie sich bitte einige der messietypischen, unbewussten Bewertungen an:

* Das könnte ich bestimmt noch mal gebrauchen!
* Daraus werde ich noch die tollsten Sachen werkeln!
* Das wird eines Tages viel wert sein! Es ist was Besonderes, eine Rarität!
* Das habe ich geschenkt (vererbt) bekommen. Das muss ich in Ehren halten!
* Da hängen Erinnerungen dran. Da hängt ein Stück meines Lebens dran!
* Das sind alles Schnäppchen. Die kann man auf Vorrat gut gebrauchen!
* Das hebe ich zur Sicherheit auf. Sonst habe ich nicht genügend Teile davon!
* Das hebe ich für meine Freunde auf. Die werden bestimmt danach fragen!

Leicht irritiert fragen Sie jetzt: „Wie soll ich jemals an meinen Bewertungen etwas ändern?" Da frage ich mich: „Wie soll ich Ihnen das jemals in aller Kürze vermitteln?" Zu genau dieser Fragestellung hocken Therapeut und Klient Stunde um Stunde zusammen! Zur Beantwortung dieser Frage sind dicke Bücher geschrieben worden! Stöhn! Also, meine Erläuterung dazu ist wohl gemerkt die Zusammenfassung der Zusammenfassung der ... Okay?!
Das Beleuchten irrationaler Kognitionen ist letztlich ein therapeutischer Prozess, der in eine Therapie gehört. Es gibt aber gute Erfahrungen damit, dass ein Mensch mittels einfacher Selbsthilfeprogramme (siehe Anhang, Literatur) das durchaus autodidaktisch schaffen kann. (Ob Sie das schaffen, weiß ich nicht. Ich kenne sehr wohl Messies, die das mit entsprechender Anleitung ganz gut hingekriegt haben.)

In aller, aller Kürze sei gesagt:

A-B-C: Machen Sie es sich zur Gewohnheit, mehr auf Ihre Gedanken zu achten (ABC-Modell). Nach und nach gelingt es immer besser, die unbewussten Gedanken „an die Oberfläche zu holen".

D: Diskutieren Sie mit sich selbst über Ihre hinderlichen Einstellungen. Lernen Sie immer mehr, wie ein Cleanie zu denken. Machen Sie sich Cleanie-Bewertungen zu eigen.

Exkurs Ende

E: Ersetzen Sie die bisherigen störenden, blockierenden Bewertungen durch hilfreiche, realistische Bewertungen (= umdenken, umlernen).

Werden Sie ein Cleanie, werden Sie clean!

In Kürze ist es so weit: Sie starten die erste Entrümpelungsaktion. Achten Sie dann **bewusst** darauf, was in Ihrem Kopf passiert. Hören Sie **ganz genau** auf Ihre **inneren Stimmen**! Da geht ein heftiger Streit los zwischen dem **Messie-Anteil** und dem **Cleanie-Anteil** in Ihnen. Bitte – **geben Sie immer nur dem Cleanie-Männchen Recht! Hören Sie *nicht* auf das Messie-Männchen!** Das ist nämlich in Wahrheit eine Sirene, die Sie dazu verführen will, zum falschen Ufer zu rudern! Mein Herr, schauen Sie sich in Ihrer Wohnung um, dann wissen Sie, wovon ich spreche …!

3/2 Entrümpeln mit System

Im Folgenden hören Sie von drei verschiedenen Methoden, mit denen Sie weitgehend systematisch vorgehen können. Die Methoden sind stark verkürzt als **Modelle** vorgestellt.

DIE VULKAN-METHODE (Vesuv-Methode)

Denken Sie an einen Vulkan und die Explosivität, Energie und

Plötzlichkeit eines Vulkanausbruchs. Denken Sie aber auch an spätere Ausgrabungen, an kostbare Schätze, die gefunden werden …

Die Vulkan-Methode ist gedacht für Räume, für die Sie Flügel oder 7-Meilen-Stiefel bräuchten, um überhaupt durchzukommen. Der Raum, den Sie ausmisten wollen, ist jedenfalls so voll gestopft, dass Sie gar nicht an die Schränke herankommen. Der Fußboden eines solchen Raumes ist zum Dauer-Zwischenlager geworden, die Sachen stapeln sich hoch. Bei einem solch extremen Chaos bedarf es erst einmal einer groben Vorsortierung. Da ist die Vulkan-Methode am ehesten geeignet.

Vorgehensweise bei der Vulkan-Methode
1. Entschlossenheit
- Sie haben den brennenden Wunsch nach Veränderung. Sie sind absolut entschlossen, etwas verändern zu wollen.
- Ihr innerer Druck ist zu groß geworden. Sie können den Druck nicht mehr aushalten. Sie wollen vor Energie explodieren.

2. Ausbruch
- Sie nutzen die Kraft des Ausbruchs.
- Legen Sie für jede Kategorie von Dingen einen Platz im Raum fest. Wählen Sie dabei weit gefasste Oberbegriffe. Seien Sie nicht zu filigran mit Ihrer Einteilung. Zum Beispiel „Kleidung", „Papierkram", „Musik", „Werkzeug".
- Besorgen Sie für jeden Oberbegriff zwei Kartons. Einen Karton für das, was Sie behalten wollen, und einen für die Dinge, die Ihr Haus verlassen sollen. Und einen zusätzlichen Karton oder einen großen Müllsack für Ihren Müll. Beschriften Sie jeden Karton mit dem von Ihnen ausgewählten Oberbegriff.
- Stellen Sie sich mit den Kartons in der Mitte des Raumes auf. Oder an der Tür, wenn kein Platz im Raum frei ist.
- Greifen Sie zu und werfen Sie, wie ein ausbrechender Vulkan,

die herumliegenden Dinge an den vorgesehenen Platz in den jeweiligen Karton. Bei zerbrechlichen Sachen etwas Vorsicht!

✦ Zu Ihren Füßen stellen Sie einen kleinen Karton für all die Schätze auf, die (lange gesucht und lange vermisst) zu Ihrer großen Freude zum Vorschein kommen, z. B. Geld, Fotos, der KFZ-Brief, Ihr Reisepass.

3. Entrümpeln

✦ Schließen Sie die Kartons nach Abschluss der Aktion. Stapeln Sie die Kartons mit den Sachen zum Behalten in einer Ecke auf, wo sie nicht stören. Die Sachen zum Verschenken bringen Sie am besten gleich ins Auto. Entsorgen Sie auch den Müll.

DIE WALD-METHODE (Mount-Vernon-Methode)

Wenn Sie in einem Wald von großen Ausmaßen eine Wanderung vorhaben, müssen Sie genau den Wegweisern folgen, um nach stundenlanger Wanderung zu Ihrem Ausgangspunkt zurückzufinden. Sonst sind Sie in Gefahr, sich völlig zu verlaufen.

Vorgehensweise bei der Wald-Methode

✦ Besorgen Sie sich <u>drei</u> stabile Kartons oder Kisten, die Sie wie folgt beschriften (denken Sie als Eselsbrücke an die drei großen „W"):
WEGWERFEN, WEGGEBEN, WOANDERS.

✦ Beginnen Sie an der Eingangstür. Stellen Sie die drei Kartons bereit, und nehmen Sie sich das erste Möbelstück vor, das Schubladen, Fächer oder Ablageflächen hat.

✦ WEGWERFEN: Alle alten, kaputten, unnützen Dinge landen in der Kiste mit der Aufschrift WEGWERFEN.

✦ WEGGEBEN: Was zu gut zum Wegwerfen ist, aber nicht mehr genutzt wird, kommt in die Kiste WEGGEBEN. Entfernen Sie die Sachen nach einer Aufräumaktion möglichst schnell aus Ihrem Haushalt, sonst kommen Sie nur in Versuchung, die Sachen wieder in Ihre Schränke zurückzupacken. Handeln Sie zügig, bringen Sie die Inhalte aus der WEGGE-BEN-Kiste ins Auto und bei nächster Gelegenheit zum Zielort.

+ WOANDERS: Die Dinge, die in Ihrem Haushalt verbleiben sollen, aber bislang am falschen Platz waren, wandern zunächst in den Karton mit der Aufschrift WOANDERS. *Nach Beendigung* Ihrer aktuellen Aktion bringen Sie die Inhalte wenigstens schon einmal in das Zimmer, wo die Dinge künftig auf Dauer bleiben sollen. Laufen Sie *nicht mittendrin* fort, um sie an der anderen Stelle unterzubringen, das stört nur Ihre Konzentration, und es besteht die Gefahr, dass Sie nicht mehr zu Ihrer angefangenen Arbeit zurückkehren.

+ Lassen Sie bei einer Aufräumaktion nur die Dinge in dem betreffenden Möbelstück, die wirklich dorthin gehören (Stammplätze!).

+ Wenn Sie das erste Möbelstück aufgeräumt haben, versorgen Sie die Inhalte der drei Kartons: Werfen Sie weg, geben Sie weg, bewahren Sie woanders auf.

+ Bei der nächsten Aktion am nächsten Tag: Gehen Sie zum nächsten Möbelstück und misten dies ebenfalls wie beschrieben aus.

+ Machen Sie mit diesem Programm weiter, bis Sie sich systematisch durch Ihre ganze Wohnung durchgearbeitet haben und wieder bei der Eingangstür angelangt sind.

DIE INSEL-METHODE

Sie haben Schiffbruch erlitten. Zum Glück werden Sie auf eine Insel gespült. Nun sitzen Sie trocken und erholt auf der paradiesischen Insel, während um Sie herum noch immer der Sturm tobt, der die Wellen hoch peitschen lässt. Wie tröstlich, dass Sie sich auf die Insel retten konnten!

Sie möchten nicht an der Haustür beginnen? Vielleicht ist dann die INSEL-METHODE die Methode Ihrer Wahl. Welches Zimmer soll Ihre Insel werden?

Vorgehensweise bei der Insel-Methode

◆ Befreien Sie in dem ausgewählten Zimmer mit der VUL-KAN-METHODE den Fußboden sowie den Gehweg vor den Schränken und Regalen.

◆ Wenden Sie die WALD-METHODE an, um systematisch Schrank für Schrank, Ecke für Ecke die Gegenstände zu checken: Soll ich das WEGWERFEN? Möchte ich das WEG-GEBEN? Muss ich das behalten, aber WOANDERS in der Wohnung als in diesem Raum?

◆ Wenn nötig, stellen Sie Möbel um, kaufen Sie ein neues Möbelteil, entfernen Sie Möbel aus dem Zimmer, um Gegenstände noch besser zuordnen zu können, oder auch, um die Nutzung des Raums zu verbessern.

◆ Reinigen Sie das Zimmer.

◆ Dekorieren Sie den Raum mit Zimmerschmuck und Pflanzen.

◆ Wenn Ihre INSEL fertig ist, sind anschließend die anderen Räume an der Reihe, bei Bedarf mit einer Kombination aus der VULKAN- und der WALD-METHODE.

Das Leben ist ein Marathon, kein Sprint

➜ Achten Sie allgemein während des Aufräumprogramms auf das richtige Tempo. Das Aufräumen einer Messie-Wohnung ist ein Marathon, kein Sprint. Übertreiben Sie nicht! Teilen Sie sich wie bei einem Marathonlauf die Kräfte sinnvoll ein, damit Sie bis zum Ende durchhalten. Wenn Sie bei einer Aktion die ersten Anzeichen von Erschöpfung spüren, beenden Sie noch die eine Aktion bis zum letzten Schritt. Starten Sie am nächsten oder übernächsten Tag neu durch.

➜ Wenn Sie zu den sehr strebsamen Leuten gehören, passen Sie sehr gut darauf auf, dass Sie sich nicht überfordern. Denken

Exkurs

Sie nicht an eine Fünf-Stunden-Aktion, denken Sie in kleinen Einheiten von einer halben oder einer Stunde.

➜ Wenn Sie vom Typ her zu den ganz bequemen Leuten zählen, dann brauchen Sie wohl ein wenig mehr Selbstdisziplin für die Zeit des Entrümpelns.

➜ Auf jeden Fall sollte ein Tag pro Woche zu Ihrer Regeneration völlig frei von Arbeit sein.

➜ Wenn Sie zu den überengagierten Leuten zählen und Ihr Terminkalender mit 24 Stunden pro Tag nicht mehr auskommt, brauchen Sie dringend einen roten Stift zum Streichen einiger Außer-Haus-Termine während der Zeit des Aufräumens.

➜ Während Sie sich nach und nach von Ihrem Haushalts-Ballast befreien, belohnen Sie sich bitte immer wieder. Aber um Himmels willen nicht mit dem ständigen Kauf von neuem Krempel! Gehen Sie lieber ins Kino oder schön essen.

➜ Ganz wichtig: Warten Sie nicht auf die perfekte Laune und den perfekten Tag, um mit dem Ausmisten anzufangen. Fangen Sie an!!!

➜ Wie schnell Sie insgesamt mit Ihrem Aufräumprogramm fertig werden, hängt ganz von Ihrer persönlichen Lebenssituation ab: der Größe Ihres Haushalts, Ihrer Energie, Ihrer Motivation, Ihrer Zeit, Ihrer gesundheitlichen Verfassung, der Hilfe durch andere ...

➜ Halten Sie sich während der Zeit des Aufräumens immer Ihr Ziel vor Augen: **Meine Befreiung vom Chaos ist wichtiger als all der Krempel, den ich aufheben will! Ich möchte eine schöne, saubere, übersichtliche Wohnung haben!**

Exkurs Ende

3/3 Die Ausnahme von der Regel

Zu Beginn des letzten Kapitels habe ich darauf hingewiesen, dass die drei Methoden zum Entrümpeln und Ordnung machen als Modelle vorgestellt werden. Nun bin ich mir völlig im Klaren dar-

über, dass im Leben Theorie und Praxis oftmals zweierlei sind! So schön und nett sich die Modelle anhören, kann es sein, dass sie auf Ihre individuelle Situation nicht übertragbar sind. Denn ...
Sie haben nur eine 1-Zimmer-Wohnung.
Das Zimmer, in dem Sie leben, ist nicht sonderlich groß und außerdem mit Möbeln zugestellt. Mein Vorschlag: Schaffen Sie zuerst im Keller Platz. Reduzieren Sie die Dinge im Keller, lassen Sie vor allem sperrige Dinge auf Nimmerwiedersehen verschwinden: Wegwerfen, Weggeben, Verkaufen, Sperrmüll. Was auch immer, es muss weniger werden. Anderes verstauen Sie Platz sparend in Kartons, die Sie an der Wand hoch stapeln. Jedenfalls schaffen Sie genug Platz im Keller, dass vorübergehend Ihr großer Couchtisch, ein Sessel oder ein anderes großes Teil aus Ihrer Wohnung im Keller deponiert werden kann. Sie brauchen Bewegungsfreiheit in Ihrem Zimmer zum Entrümpeln und Sortieren. Was bislang in Ihrem Zimmer auf dem Fußboden lagerte, kommt in Kartons, die Sie hoch stapeln. Dann misten Sie in sämtlichen Schränken und Regalen aus, damit Platz geschaffen wird für einige der Dinge aus den Kartons.
Wer eine superkleine Wohnung hat, für den sind die Kisten WEGWERFEN und WEGGEBEN die wichtigsten. Ihre Besitztümer müssen deutlich reduziert werden. In einer kleinen Wohnung kommt es auch sehr auf die Möbel an. Die richtigen Möbel können eine Entlastung sein, die falschen Möbel machen die Wohnung noch kleiner.
Die Dauerlösung ist auch eine Überlegung wert: Umzug in eine größere Wohnung?

Sie haben ein körperliches Handikap.
Entweder: Sie arbeiten in sehr kleinen Zeitetappen. Jeden Tag 20 bis 30 Minuten, um sich körperlich nicht zu überfordern. Oder: Für besonders anstrengende Arbeiten holen Sie sich einen Helfer ins Haus. Oder Sie lassen die gesamte Arbeit von anderen machen. Sie stehen daneben und geben der Person entsprechende Anweisungen, was mit den Sachen geschehen soll.

Sie sind psychisch überlastet.
Sie spüren, Sie sind psychisch an Ihre Grenzen gekommen. Möglicherweise wegen eines ganz anderen Problems. In diesem Fall ist Hilfe von außen die einzig sinnvolle Lösung. Unter Umständen muss erst das andere Problem bearbeitet werden und das Aufräumen muss warten. In einer Grenzsituation sich auch noch selbst in den Hintern zu treten und aufräumen zu wollen, kann verheerende Folgen haben. Das könnte Ihr persönliches Fass zum Überlaufen bringen!

Sie haben wirklich keine Zeit.
Sie sind beruflich stark eingespannt. Sie arbeiten z.b. im Management einer Firma, gemäß dem Spruch von Lothar Habler: *„Manager sind menschliche Wesen, die aufstehen, arbeiten und wieder ins Bett gehen."* Oder Sie arbeiten in der Welt der Medien (TV, Rundfunk, Musikbranche, Theater u.ä.), wo die Uhr sowieso anders tickt. Wo ist da Ihre Chance, jemals in Ihrem Heim vorwärts zu kommen? Eine Möglichkeit: In Ihrem nächsten Urlaub verreisen Sie nur ganz kurz (oder gar nicht). Für die restliche Urlaubszeit sind Sie mit Ihrer Wohnung verabredet. Außerdem lassen Sie einen Profi-Aufräumer kommen, der Ihnen vertraglich seine Schweigepflicht zusichert. Die Firma „Rund ums Wohnen" ist beispielsweise darauf spezialisiert, bei Besserverdienenden und Prominenten sehr schnell, unauffällig für neugierige Nachbarn und effektiv zu arbeiten (s. Adressenliste).

Sie kriegen Ärger mit den Mitbewohnern.
Ihre Familie oder Ihre WG-Mitbewohner sind genervt bei der Vorstellung, dass Sie in der Wohnung Unruhe verbreiten, und schlagen Alarm. Für diesen Fall ist vorweg ein Grundsatzgespräch nötig. Ein Gespräch, bei dem Sie sich (a) entschuldigen, dass die anderen bislang unter Ihrem Chaos gelitten haben; (b) Sie sehr deutlich sagen, dass Sie es für Ihr Seelenheil super nötig haben, das Chaos *endlich* zu beseitigen. (c) Lassen Sie sich mit

den anderen auf Kompromisse ein. Wenn im Vorfeld klar ist, dass die Wohnbereiche der anderen vorübergehend mit chaotisiert werden, einigen Sie sich alle auf einen Termin, zu dem spätestens alles fertig sein soll.

Sie müssen in Rekordzeit fertig sein.
Beispiel: Wegen Renovierungsmaßnahmen am Haus hat sich Ihr Vermieter angekündigt, der mit einem Handwerker zusammen in Ihrer Wohnung den Verlauf der Wasserrohre überprüfen muss. Sie haben nur wenige Tage Zeit, Ihre Bude frei zu kriegen. Auch in diesem Fall ist die einzig wahre Lösung: Hilfe holen!

Sie hassen abgrundtief jegliche vorgefertigten Methoden und Pläne.
Sie sind einer von der Sorte mit dem dicken Trotzkopf, ausgeprägtem Hang zu Individualismus und Freiheitsliebe. Okay! Machen Sie doch, was *Sie* wollen! Kombinieren Sie ganz nach Ihren Wünschen die von mir vorgestellten Aufräumprogramme, denken Sie sich neue aus. Was auch immer Sie wollen! Aber eines sage ich Ihnen jetzt auf den Kopf zu: Wenn Sie dabei zu kompliziert und unsystematisch vorgehen, werden Sie sehr bald den Überblick verlieren und frustriert aufgeben!

Sie sind ein „Hoarder".
Das Sammeln von Gegenständen der Alltags- und der Hochkultur finde ich faszinierend. Der eine sammelt Münzen, der Nächste sammelt Postkarten aus aller Welt und ein anderer sammelt Kotztüten aus Flugzeugen. Dinge zu sammeln, die jemand interessant oder schön findet, das kann ein äußerst lustvolles, aufregendes und befriedigendes Hobby sein, dem man sich mit ganzer Leidenschaft hingeben kann. Die Freude des Sammlers ist besonders groß, wenn Besucher kommen und die gesammelten Schätze bewundern. Und womöglich noch neue Schätze als Geschenk mitbringen. Im Hildesheimer

Stadtmuseum gab es im Frühjahr 2000 eine von Studenten der Kulturpädagogik vorbereitete Ausstellung der besonderen Art: Über 50 Sammlungen von Menschen aus dem Hildesheimer Raum wurden dort gezeigt. Objekt der Begierde waren u.a. Zigarettenpapier, Steine, Kugelschreiber, Marionetten, Modellautos, kostbare Kaffee- und Teelöffel sowie Bierflaschen.

Sammeln wird dann problematisch, wenn es der Sammler übertreibt, wenn die Grenzen des Normalen überschritten werden. Wenn aus der „Sammel-Leidenschaft" ein „Leiden durch das Sammeln" entsteht:

- Es werden zu viele Dinge aus zu vielen Bereichen gesammelt. Der Sammler beschränkt sich nicht mehr auf eine Art Gegenstände. Die Sammelwut wird immer mehr generalisiert.
- Das Sammeln nimmt zu viel Zeit in Anspruch. Das Alltagsleben des Menschen wird vom Sammeln deutlich beeinträchtigt.
- Das Sammeln führt zu Finanzproblemen. Der Sammler verschuldet sich, um seine Sammlungen fortführen zu können.
- Der Sammler übt deutlichen Verzicht in anderen Lebensbereichen (z.B. Essen, Kleidung, Urlaub), um Geld für seine Sammlungen frei zu setzen.
- Der Sammler wird geradezu besessen vom Sammeln. Ein Großteil seiner Gedanken dreht sich um die Jagd nach weiteren Objekten, um das Besitzen-Müssen, das Haben-Wollen. Das ersehnte Objekt ist die Droge, nach der ein Sammler süchtig ist.
- Der Sammler ist außerstande, seine Sammlungen zu reduzieren, zu begrenzen, zu stoppen, geschweige denn, sie gänzlich aufzugeben.
- Der Sammler hat schon lange keinen Platz mehr, die gesammelten Objekte schön geordnet sichtbar auszustellen. Die Dinge werden mittlerweile in Kisten und Kartons gestapelt.

- Der Sammler hat eine extrem emotionale Bindung zu den Gegenständen.

Sind Sie so ein HOARDER (engl. „hoard" = horten)? Sammeln und horten Sie exzessiv? Finden Sie sich in der kurzen Checkliste wieder?

Wenn das der Fall ist, werden Sie mit den weiter oben skizzierten Aufräum-Methoden nichts anfangen können, sobald es an Ihre Sammlungen geht. Ihre inneren Blockaden und Widerstände sind ausgeprägt und bedürfen einer therapeutischen Behandlung. Wenn Ihnen Hilfe wichtig ist, bitte ich Sie: Wenden Sie sich an einen Therapeuten, der verhaltenstherapeutisch arbeitet und kompetent mit Zwangsstörungen umgehen kann. Die DGZ (Deutsche Gesellschaft Zwangserkrankungen) kann Ihnen einen Therapeuten in Ihrer Nähe nennen.

Sie stehen wirklich vor einem sehr großen Berg.
In Ihrer Wohnung ist jeder Raum so ziemlich zugestellt. Sie ahnen, ganz allein auf sich gestellt würden Sie Monate brauchen, um den gewaltigen Mengen an Krempel Herr zu werden. Schon der Gedanke daran lässt Sie müde und erschöpft werden. Der Berg ist *wirklich* sehr groß.
Wenn Sie in Ihrer Bude nicht mehr treten können, wenn es nur noch schmale Trampelpfade gibt, wenn jeder Haushaltsbereich zusammengebrochen ist, dann sollte Ihnen ein Team von Helfern zur Verfügung stehen, die gut organisiert sind und die Sache nach und nach wieder in den Griff kriegen können.
Eine Wohnung, die in solch einem furchtbar verwüsteten Zustand ist, ist jedoch auch ein deutliches Signal: Bitte bemühen Sie sich um eine Therapie! Es ist naheliegend, dass Sie schwerwiegende psychische Probleme haben und therapeutische Begleitung brauchen.

Stichwort: „Vermüllungs-Syndrom"
Dieser Begriff geistert seit einiger Zeit durch die Medien. Das

Thema ist noch zu nebulös, als dass ich es für sinnvoll halten würde, an dieser Stelle zu einem langen Exkurs auszuholen. Für das „Vermüllungssyndrom" gibt es unterschiedlichste Definitionen. Gemäß einer sehr engen Definition würde das Ausmaß Ihres Problems wohl eher nicht zu dem „Vermüllungssyndrom" dazu gehören. Aber es könnte durchaus sein, dass Sie mit Ihrer psychischen Verfassung und Ihrem Wohnungschaos an einem Punkt angelangt sind, wo es mehr Sinn macht, von einem „Vermüllungssyndrom" statt von einem „Messie-Problem" zu sprechen (s. Anhang: Literatur).

Aber der „richtige" Name dürfte für Ihr spezielles Problem momentan zweitrangig sein. Viel wichtiger ist: Wenn der Berg *wirklich* zu groß ist, wird es kaum ohne **therapeutische Begleitung** sowie ein Team von **praktischen Helfern vor Ort** gehen!

Helfer
Wer könnten Ihre Helfer sein? Überlegen Sie in verschiedene Richtungen:

Exkurs

Wie sieht es aus mit ehrenamtlicher Hilfe?
- ❑ ein Verwandter/eine Verwandte
- ❑ ein Freund/eine Freundin
- ❑ die Messie-Kontaktperson an Ihrem Ort
- ❑ die Messie-Selbsthilfegruppe in Ihrer Stadt
- ❑ eine Person aus der Kirchengemeinde

Wie sieht es aus mit privat bezahlter Hilfe?
- ❑ ein Profi-Aufräumer-Team
- ❑ ein/e Mitarbeiter/in von einem Büroservice (für Ihre Papiere)
- ❑ die Mitarbeiter einer Entrümpelungsfirma
- ❑ eine Reinigungsfirma
- ❑ ein/e entfernte/r Bekannte/r

Wie sieht es aus mit institutionalisierter Hilfe?
❏ ein/e Sozialarbeiter/in („Coach"/„Soziotherapeut")

Nehmen wir mal an, „von Amts wegen" würde Ihre derzeitige Lebenslage den Titel kriegen „seelische Behinderung" oder „besondere soziale Schwierigkeiten". Finanziell gesehen sind Sie überhaupt nicht in der Lage, vorübergehende Hilfen aus privater Tasche zu bezahlen. Sie sind also auf „offizielle Hilfe" angewiesen, die auch die Kosten für den Helfer übernimmt. Beachten Sie bitte, es gibt keine bundeseinheitlichen Regelungen in dieser Angelegenheit. Von Stadt zu Stadt sind die Verfahrensweisen unterschiedlich geregelt. Die rechtlichen Grundlagen für die Inanspruchnahme von Hilfen finden Sie noch am ehesten im Bundessozialhilfegesetz. Die entscheidenden Stichwörter sind „Eingliederungshilfe" (§§ 39–40 BSHG) und „Hauswirtschaftliche Dienste" (§§ 68–72 BSHG).

Exkurs Ende

SCHLUSS MIT DEM CHAOS

Kapitel 4

Ein Reißwolf ist kein Ungeheuer

4/1 Papier kann auch töten

Bei der ersten deutschen Messie-Tagung mit Sandra Felton erzählte sie eine fast unglaubliche Geschichte: Es ging um zwei Brüder, die zusammen in New York eine Wohnung hatten. Diese Brüder hatten Berge von Krempel und Papieren, auch alle möglichen Zeitungen und Zeitschriften, die sie über Jahre gesammelt hatten. Im Flur stapelten sie die Zeitschriften meterhoch zu regelrechten Papiertürmen auf. Eines Tages rempelte einer der Brüder so einen Turm an. Nun hat ja Papier in größeren Mengen ein enormes Gewicht. Der Turm kippte um und erschlug den Mann. So kann Papier im *buchstäblichen Sinn* töten. Papier kann auch verletzen. Es kann scharf wie ein Messer sein. Ich habe mir schon mehrmals an einer Kante Papier die Finger aufgeschnitten.

Papier kann aber auch *im übertragenen Sinn* verletzen: Wenn Sie so ein Chaos mit Ihrem Papier haben, dass Sie z. B. Ihre unbezahlten Rechnungen nicht finden und Mahnungen ins Haus flattern, geht das zulasten Ihres Wohlbefindens. Wenn sich überall in Ihrer Wohnung Bücher und Zeitschriften stapeln und Sie vor Scham darüber keinen Besuch mehr zulassen, obwohl Sie ein geselliger Typ sind, nehmen Sie sich ein wichtiges Stück Lebensqualität weg. Sie verletzen sich damit selbst! Ihre Selbstachtung geht immer mehr den Bach runter!

In meiner heftigsten Messie-Phase gab es zwei besonders schlimme Erlebnisse. Eins davon hatte mit Papierkram zu tun: Die Krankenversicherungskarte meiner Tochter war nicht auffindbar. Ich weiß noch, wie ich mit hochrotem Kopf zitternd die Kommode durchwühlte, in der ich die Karte am ehesten vermutete. Während der Sucherei fragte ich mich immer wieder: *„Was mache ich eigentlich, wenn es hier mal brennt?"*

Wie ist es mit Ihnen? Sollte es in Ihrer Wohnung brennen: Könnten Sie mit einem Handgriff noch schnell den Ordner mit Ihren wichtigsten Dokumenten schnappen, bevor Sie aus dem Haus rennen? Wissen Sie eigentlich, was im Falle eines Falles alles verbrennen würde? Ich nehme mal an, da wären ...

... Bücher zu verschiedensten Themen, Telefonbücher, Adressbücher, Zeitschriften, Zeitungen, Zeitungen und Zeitschriften im Abonnement, Werbung, Prospekte, Kataloge, Broschüren, diverse Dokumente, Akten, Ausweispapiere, „geerbte" Unterlagen, private Briefe, offizielle Briefe von Behörden und Institutionen, berufliche Papiere zu diversen Themen, Seminarprogramme, Landkarten, Straßenkarten, Wanderkarten, Urlaubsinfos, Kalender, Veranstaltungskalender, Vereinsblätter, Rundbriefe, Mitteilungen, Ansichtskarten, Infos zu mehreren Hobbys, Infos über interessante Themen, Ausbildungsunterlagen, persönliche Aufzeichnungen, Gedichte, Tagebücher, Geschenkpapier, Briefpapier, Notizzettel, Schmierpapier, Einkaufszettel ...

Wenn Sie ein Problem mit Ihren Papieren haben, kann ich nur sagen: Willkommen im Club! Ungeheuer viele Messies sind auf dem Gebiet ständig am Kämpfen. Das Problem ist ja nun nicht, dass Sie nicht wüssten, wo Sie Ordner zum Abheften Ihrer Papiere kaufen könnten. Oh, nein! Für uns „Papier-Messies" ist unser Problem mit Papieren ein Problem mit **Disziplin, Struktur** und **Gefühlen**.

Stichwort: „Disziplin"

Um den Papierkram gut im Griff zu haben, ist ein gewisses Maß an **Disziplin** erforderlich. Die fehlt uns jedoch. Wir kümmern uns gar nicht oder viel zu spät um die Eingangspost. Wir heben unwichtige Papiere auf, z.B. leere Briefumschläge, alte Tageszeitungen, Werbung. Wir bezahlen Rechnungen zu spät. Wir haben diverse Zeitschriften-Abonnements, kommen aber mit dem Lesen nicht nach. Wir sammeln zu viele Papiere. Wir sammeln zu viele Themen. Wir nehmen uns gar keine Zeit oder zu selten Zeit für die Bearbeitung und Ablage von Papieren. Den Papierkram zu verwalten, ist für uns u.a. eine Frage von „Lust" oder „Unlust". Und „Lust" zum Papieresortieren haben wir höchst selten.

Stichwort: „Struktur"

Ich habe Messie-Wohnungen gesehen, da standen in einer Ecke ein paar Ordner verwaist herum, die fast durchweg leer waren. Die Papiere lagen überall verstreut herum, ohne jegliche erkennbare Ordnung. Es war völlig ungeklärt, in welchem Zimmer die Papiere ihren Stammplatz haben sollen, in welchen Möbeln die Papiere lagern sollen, in welchen Ordnern welche Dokumente aufbewahrt werden sollen, an welchem Platz die Bücher stehen sollen, wo die Zeitschriften liegen sollen, an welchem Arbeitsplatz die Post bearbeitet werden soll.

Ist das in Ihrer Wohnung auch so? Dann haben Sie wahrscheinlich ein echtes Problem mit der **Strukturierung** Ihres Papierkrams.

Stichwort: „Gefühle"

Wir Messies haben ja diese sonderbare emotionale Bindung an unseren persönlichen Besitz. Die zerfledderten Agatha-Christie-Krimis ins Altpapier? Unvorstellbar für uns. Den „Spiegel" der letzten fünf Jahre zu entsorgen? Das wäre ja, als würde ein Stück von uns selbst im Rachen des Altpapier-Containers verschwinden. Mit einer nicht gelesenen, abgelaufenen TV-Zeitschrift in Richtung Papierkorb zu gehen, war für mich früher wie ein Gang zum Schafott. Die Stimme unseres Messie-Gewissens bei jedem Blatt Papier kurz vorm Mülleimer schreit laut in uns: „Halt, das könnte ich noch brauchen! Da stehen noch wichtige Informationen drin! Wenn ich das nicht lese, verpasse ich etwas! Den Artikel muß ich unbedingt noch für meinen Freund kopieren!" Und so weiter. Wir Papier-Messies haben uns in puncto Papiere eine hinderliche Einstellung angeeignet, die uns in unserer Handlungsfreiheit blockiert, bei uns gewisse Ängste auslöst und uns von daher das Leben schwer macht. Cleanies denken: „Nichts ist so alt wie die Zeitung von gestern!", trennen sich ohne zu zögern, und fühlen sich wohl, wenn kein unnötiger Schriftkram herumliegt. Ich kenne Cleanies, die ihre Tageszeitung noch am gleichen Tag entsorgen (vgl. Kap. 3/1).

Ein Messie-Mann sagte einmal im Seminar von sich, er sei doch im Grunde so eine Art „Informations-Junkie". Ein passender Begriff, finde ich.

Papier-Messies befinden sich mit ihren gedanklichen Bewertungen und den daraus folgenden **Gefühlen** in einer **Negativspirale**, die sie immer weiter nach unten zieht.

Wie funktioniert die „Negativspirale"?

- Herbert erhält von seinem Freund eine Geburtsanzeige: Das erste Kind ist da.
- Herbert kauft zwei Wochen später eine Gratulationskarte, wühlt diese aber in einem Papierstapel auf seinem Sofa irgendwie unter. Als zerstreuter Messie hat er sich keine Notiz in seinem Planer gemacht und vergisst die Angelegenheit.
- Nach weiteren drei Wochen rutscht besagter Stapel vom Sofa. Was guckt hervor? Die Karte! Beim Anblick eben dieser meldet sich Herberts schlechtes Gewissen. Er legt die Karte schnell zur Seite, auf die Kommode im Flur. Er fühlt sich unter Druck.
- Drei Tage später: Die Karte wird von neuer Post und Tageszeitungen verdeckt. Am Abend: Eine TV-Werbung mit Babys erinnert Herbert an die Karte. Er kramt die Karte hervor, nimmt sich fest vor: „Morgen! Morgen schicke ich die Karte ab!"
- Am Folgetag: Er sieht die Karte, fühlt sich unwohl. Warum? Die Karte ist für Herbert wie ein Spiegel, der ihm vorgehalten wird und der ihm ins Gesicht schreit: „Du bist unfähig, blöd und vergesslich! Du kriegst nichts auf die Reihe!" Herbert ahnt aus Erfahrung, welcher Schmerz in ihm wieder hochkommen will. Der altbekannte Kummer nämlich: „Ich kriege mein Leben nicht so hin, wie ich es gern möchte!" Dieser Schmerz könnte übermächtig werden, würde er ihn nicht stoppen.
- Er ergreift die gedankliche Flucht, trickst sich aber vorher

selbst aus: Er schreibt zwar die Karte, sucht aber nicht nach
der Adresse und legt die Karte mit dem Briefumschlag erneut
zur Seite.

* So geht das noch einige Wochen weiter.
* Irgendwann gibt Herbert ganz auf, nachdem er sich ausge-
rechnet hat, dass das Baby mittlerweile 10 Monate alt ist.
Was in seinem Inneren übrig bleibt, ist die bittere Anklage:
„Du Versager! Du hast es wieder einmal nicht hingekriegt!"
* Herbert versucht jetzt mit seiner Wut gegen sich selbst, mit
seiner Scham gegenüber seinem Freund und seiner aufstei-
genden Resignation weiterzuleben. Da er bereits eine lange
Kette solcher negativen Erfahrungen abgespeichert hat, ist
die Wahrscheinlichkeit sehr gering, dass er sich in die nächste
Situation mit positiven Gedanken und Gefühlen hineinbege-
ben wird.
* Herbert hat schon längst eine Vermeidungsstrategie entwickelt. Indem er vor solchen für ihn unangenehmen Situationen flüchtet, muss er nicht wieder den Schmerz des Ver-
sagens aushalten. Doch die nächste Konfrontation in Sachen
Papier kommt bestimmt!

Ich weiß von einigen Messies, die ihre Briefe über Wochen gar
nicht erst öffnen. Was für ein fatales Verhaltensmuster! Das ist
eine „Vogel-Strauß-Politik", die über kurz oder lang alles nur
noch schlimmer macht.
So wie Herbert geht es nach meiner Beobachtung vielen Messies.
Übrigens: Was sich in einem Messie innerlich an Gedanken und
Gefühlen in Sachen Papier abspielt, lässt sich auf andere Bereiche des Alltags übertragen. Nehmen wir nur mal das Beispiel
Geschirrspülen: Wenn sich mal wieder das schmutzige Geschirr
über Tage (und Wochen) gestapelt hat, ist die Vermeidungsstrategie schnell auf den Plan gerufen, weil der Messie aus der Erfahrung weiß, mit welcher Wut oder mit welchem Frust er an den
Abwasch gehen würde.

Was das messietypische Versagen in puncto Papierkram so schwerwiegend macht, ist die Tatsache, dass auf diesem Gebiet am ehesten Außenstehende mitbekommen, dass da etwas „nicht funktioniert". Freunde und Verwandte, die vergeblich auf Post warten. Ämter und Firmen, die wiederholt Mahnungen schreiben müssen. Leute, die auf telefonische Antwort warten, die nie eintrifft, da der Messie die Telefonnummer verlegt hat.

Es kann nur eine Lösung geben: Raus aus der „Negativspirale", hinein in eine „Positivspirale". Sie brauchen positive Erfahrungen, Erwartungen und Erfolge!

4/2 Knicken, Lochen, Abheften

Sie möchten also gern Ihre Papierberge in Angriff nehmen? Okay! Es ist unerlässlich, dass wir dazu das Stichwort **Struktur** wieder aufgreifen. Sind die Papiere extrem durcheinander und sind die Papiermengen groß, sollte das Ordnen in zwei Etappen ablaufen.

1. Etappe – Vorsortieren

- Falls sich Ihre Papierdünen über mehrere Zimmer ausgebreitet haben: Bringen Sie sämtliche Papiere, vorerst in Kartons gepackt, in einen Raum. So können Sie mit einem Blick die Gesamtmenge Ihrer Papiere wahrnehmen. Ich hoffe, der Anblick überzeugt Sie von der Notwendigkeit, die Papiere erheblich zu reduzieren.
- Kaufen Sie die kleinen Plastik-Klappkisten. Ich meine die, wo genau DIN-A4-Format reinpasst (16 l = 38 cm lang, 25 cm breit, 20 cm hoch). Diese Kisten sind in gut sortierten Supermärkten zu haben. Sie sind geradezu ideal zum Papiersortieren. Später können sie als Ordnungshelfer in Abstellkammer, Vorratsraum, Keller auf Dauer Verwendung finden. (Soll es kostenfrei sein, holen Sie sich aus einem Kopierladen die leeren Kopierpapierkartons.)

- Kleben Sie Schilder auf die aufgeklappten Kisten mit Rubriken nach Ihrem individuellen Bedarf, z.b. Dokumente, Adressen, unerledigte Post, Vereinsunterlagen, Gesundheitsinfos, Kataloge.
- Suchen Sie sich einen Sitzplatz, an dem Sie rückenfreundlich arbeiten können.

  Tun Sie so, als wenn Sie bei der Post als Postverteiler arbeiten: Stellen Sie die Klappkisten in Armlänge nebeneinander auf. Schnappen Sie sich den ersten Papierstapel und ordnen Sie die Papiere *zügig* in die Kisten ein, wie es die Rubrikzettel vorgeben.
- Vor jeder Sortieraktion sagen Sie sich laut und bestimmt: *„Mein oberstes Ziel lautet WEGWERFEN!!!"*

  Stellen Sie direkt neben Ihren Sitzplatz einen großen Papierkorb. Schließlich sollen die meisten Papiere in den Papierkorb wandern.
- Werfen Sie sämtliche Infos weg, an die Sie ohne Probleme wieder neu rankommen, z. B. Urlaubsprospekte, Kataloge, Preislisten, Werbematerial, abgelaufene Veranstaltungskalender usw.
- Handeln Sie mit sich Verträge aus, z. B.: *„Infos zum Hobby X werfe ich ganz weg." „Von der Zeitschrift Y darf ich nur noch die Ausgaben des laufenden Jahrgangs aufbewahren." „Die Vereinsblätter kommen alle weg bis auf die letzte Ausgabe." „Die Technik-Kataloge kommen weg bis auf die von der Firma Z."*
- Und immer wieder: Ablage P (= Papierkorb)!!!
- Arbeiten Sie schnell. Lesen Sie *niemals* jedes Papier Wort für Wort durch! Versuchen Sie, mit einem Blick zu erfassen, welcher Rubrik das Papier zuzuordnen ist.
- Die Rubrik Ablage P ist die wichtigste!
- Arbeiten Sie nur so lange, wie Sie sich gut konzentrieren können.
- Muss der Tisch wieder frei werden, stapeln Sie die Klappkisten aufeinander und stellen Sie diese kippsicher beiseite.

* Bei der nächsten Aktion machen Sie genauso weiter wie gehabt: Kisten aufstellen, Papierstapel schnappen, vorsortieren.

Irgendwann sind Sie hoffentlich um einige hundert Papiere leichter! Irgendwann sind Sie hoffentlich mit dem Vorsortieren fertig. Dann startet die zweite Etappe.

2. Etappe – Einsortieren

* Die Kiste mit der Aufschrift **unerledigte Post** sollte bei der 2. Etappe als erstes in Angriff genommen werden. Zielstrebige Leute kennen für eingehende Post nur drei Vorgehensweisen:
  (1) wegwerfen
  (2) einordnen (ablegen, abheften)
  (3) erledigen (z. B. antworten, ausfüllen, lesen, weiterleiten)
  Am besten fischen Sie aus der Kiste erst mal die Post heraus, deren Nichterledigung den größten Schaden für Sie hätte, also Rechnungen, Mahnungen, Vordrucke für Ämter, Schreiben mit Fristeinhaltung. Lassen Sie nicht noch mehr Zeit verstreichen! Erledigen Sie diese wichtige Post!
* Für die Kiste mit dem Schild **Dokumente** besorgen Sie sich 1 – 2 Ordner (am besten knallrote) und Trennblätter von A – Z. Dann sortieren Sie Ihre Dokumente alphabetisch ein. Am besten fertigen Sie auch noch ein Übersichtsregister an, das vor dem Buchstaben A eingeheftet wird. Dann sehen Sie künftig superschnell, welche einzelnen Papiere unter dem jeweiligen Buchstaben einsortiert worden sind. Das Register macht jedoch nur Sinn, wenn Sie es auf dem Laufenden halten!
* Haben Sie Fragen zu den Aufbewahrungsfristen? Dann rufen Sie da an, wo Sie die Papiere herhaben und fragen Sie dort nach, also bei Bankunterlagen die Bank anrufen, bei Versicherungsunterlagen die Versicherung anrufen usw.
* Für den Inhalt der Kiste mit dem Schild Adressen kaufen Sie sich einen Karteikasten (z.B. DINA7-Format), dazu Trenn-

karten von A – Z und 2 – 3 Packungen Karteikarten in gleicher Größe. Übertragen Sie die Adressen von Ihren Notizzetteln und Papierschnipseln gut lesbar auf die Karteikarten. Pro Karte eine Anschrift. Auf die Vorderseite die Adressdaten, auf die Rückseite ggf. Zusatzinfos (z. B. „der Angler-Verein ist immer freitags abends erreichbar ab 18.00 Uhr"). Verschiedene Farben können für verschiedene Rubriken stehen, z. B. *rot* für private Adressen, *gelb* für Handwerker und Firmen, *grün* z. B. sind die Adresskarten Ihrer Vereinsmitglieder. Fliegt bei Ihnen ein voll gekritzeltes Adressheft herum? Bitte übertragen Sie die Adressen daraus auch noch auf Ihre Karteikarten.

Ich habe noch nie einen einzigen Messie getroffen, der die Umstellung seiner Adressen auf das Karteikartensystem je bereut hätte.

♦ Bei der Kiste mit der Aufschrift **Gesundheitsinfos** stellt sich die Frage, ob Sie diese Infos wirklich *unbedingt* alle aufheben wollen. Macht das Sinn? Ja? Dann heften Sie die Infos so in einem weiteren Ordner ab, dass ein schneller, gezielter Zugriff möglich wird. Sonst nützt Ihnen die Existenz dieser Infos in Ihrer Wohnung gar nichts.

♦ Zu den restlichen Kisten mit ...-**Infos**. Ordnen Sie die für Sie wertvollen Infos in Ordner ein und beschriften Sie die Ordner sinnvoll. Ich meine damit, die Rückenschilder müssen eindeutig Auskunft darüber geben, was sich in dem jeweiligen Ordner befindet. Schilder mit „Allgemeines", „Sonstiges" oder „Diverses" sind tabu.

Stichwort: Ein guter Arbeitsplatz

Sie sollten künftig einen separaten Arbeitsplatz für Ihre Postbearbeitung haben. Es soll nicht der Esstisch sein, nicht der Couchtisch, nicht der Küchentresen und auch nicht das Bett oder der Fußboden! Besitzen Sie keinen eigenen Schreibtisch? Dann wird es aber Zeit! Eine tolle Lösung ist nach meiner Ansicht ein

Schreibsekretär zum Auf- und Zuklappen. Fakt ist, Sie brauchen einen **Stammplatz** für Ihre Post. Wenn Sie einen eigenen Arbeitsplatz haben, können Sie dort auch ein **Ablagesystem** für Ihre Post aufstellen. Über die Anzahl der Ablagekörbe kann man stundenlang streiten. Meine Devise: Weniger ist mehr!

1 Korb (knallrot) SUPERWICHTIG (= heute als Allererstes erledigen)
1 Korb (transparent) ZU ERLEDIGEN (= die nächsten Tage erledigen)
1 Korb (transparent) ZUR ABLAGE
1 Korb (transparent) AUSGEHENDE POST

Übrigens: Falls Sie beruflich zu Hause tätig sind oder zumindest auch berufliche Unterlagen zu Hause haben, kann ich Ihnen eine Sache dringend empfehlen: Achten Sie darauf, dass Sie künftig Ihre beruflichen von den privaten Papieren getrennt aufbewahren. Entweder in getrennten Schränken oder sogar in getrennten Räumen.
Legen Sie für die Zukunft einen Tag in der Woche fest, der reserviert ist für die Postbearbeitung, z.B.: *„Jeden Donnerstagabend von 18.00 – 19.30 Uhr erledige ich meinen Papierkram!"* Belohnen Sie sich, wenn Sie diese Arbeit hinter sich gebracht haben. Kommt viel Post ins Haus, sollten Sie besser jeden Abend zu einer bestimmten Zeit Ihre Post erledigen. Und es sich hinterher angenehm machen!

Auf Ihrem Arbeitsplatz sollten außerdem stets bereitliegen:
♦ ein Terminkalender und
♦ ein Notizbuch.
Sämtliche Zettel und Zettelchen sollten auf null reduziert werden: Termine bitte in den Terminkalender übertragen, Notizen bitte in das Notizbuch eintragen.

Stichwort: Das Notizbuch

Das Notizbuch ist eine ganz wichtige Gedächtnisstütze. Kaufen Sie am besten ein Ringbuch für lose Blätter im Format DIN A5, dazu Trennkarten und Ringbucheinlagen. Mögliche Rubriken für Ihr Notizbuch: Wochen- und Tagesplaner, geplante Telefonate, geplante Erledigungen, spezielle Käufe, Projekte, Ideen, Ziele, Finanzen, Buchverleih, geplante Briefe, Gesprächsnotizen, geplante Geschenke, Wunschzettel, geplante Reparaturen usw. Unterschätzen Sie nicht den Wert eines Notizbuches: Das Notizbuch ist wesentlich mitverantwortlich dafür, dass Ihr Zettelkram deutlich schrumpft.

So definiere ich persönlich ein gutes Papier-Management:
„Gutes Papiermanagement kommt ohne Zettelwirtschaft aus!"
Mittlerweile bin ich eine Gegnerin von Pinnwänden. Wenn ein Messie und eine Pinnwand aufeinandertreffen, das wird fast immer gefährlich. Für den Messie wohlgemerkt!

Stichwort: Gutes Papier-Management
Setzen Sie sich bitte folgende Grundsätze zum Ziel:
- Ich nehme Organisationshilfen in Anspruch.
- Ich fixiere sämtliche Infos, Anfragen, Mitteilungen schriftlich.
- Ich arbeite mit einem Notizbuch als zentralem Info-System.
- Mithilfe meines Notizbuchs reduziere ich meinen Zettelkram auf null.
- Ich benutze ein sehr einfaches System zur Ablage meiner Papiere.
- Ich bearbeite meine Papiere regelmäßig.

Stichwort: Ordnersystem
Mit einem effektiven Ordnersystem kann ich ...
... Informationen in einfache, klare Kategorien unterteilen.
... jedes Papier innerhalb von maximal 3 Minuten wiederfinden.

... neue Ordner und Papiere einfach anlegen, eingliedern und verändern.

... veraltete Informationen einfach und dauerhaft aussortieren.

Stichwort: Der Computer

Ich habe mir angewöhnt, alle paar Monate meinen PC zu „entrümpeln". Dann fliegen so allerhand Dokumente raus, andere Dokumente werden sinnvoller zugeordnet. Möglicherweise braucht auch Ihr PC mehr Aufmerksamkeit in Sachen Ordnung. Kann das sein?

Stichwort: Bücher

Meiner Meinung nach gibt es für Bücher eigentlich nur zwei sinnvolle Arten, sie aufzubewahren:

Prinzip I   Sämtliche Bücher stehen in einem Raum an einer Stelle gesammelt.

Dort sollten sie ähnlich wie in einer Bibliothek nach Rubriken unterteilt sein. Mögliche Rubriken sind z.b.: Nachschlagewerke, Politik, Geschichte, Reisen, Kunst, Psychologie, Gesundheit, Romane, Biographien, Gedichte, Technik, EDV. Überlegen Sie, welche übergeordneten Begriffe individuell gut zu Ihren Büchern passen. Haben Sie keine Scheu, an die Regalbretter kleine Rubrikschilder zu kleben. Wenn Sie dann noch innerhalb einer Rubrik die Bücher alphabetisch ordnen (nach dem Autorennamen, bei Serien nach den Titeln), haben Sie einen blitzschnellen Zugriff zu jedem Buch.

Zur guten Nutzung einer privaten Bibliothek gehört aber noch mehr dazu:

- Sortieren Sie Bücher aus, für die Sie sich nicht mehr interessieren.
- Sortieren Sie Bücher aus, deren Informationen längst überholt sind.

- Stellen Sie geliehene Bücher separat auf.
- Notieren Sie es umgehend, wenn Sie ein Buch verleihen (entweder in Ihrem Notizbuch unter der Rubrik *Buchverleih* oder in einem kleinen separaten Oktavheft, das Sie griffbereit an Ihrem Bücherregal hängen haben).

Bücher aussortieren

Haben Sie den Mut, Bücher mit veralteten Inhalten zum Altpapier-Container zu bringen. Bevor Sie vermeintlich wertvolle Bücher aufbewahren, gehen Sie lieber zum Antiquariat und lassen Sie einen Fachmann den Wert Ihrer Bücher einschätzen. Wenn der einen Lachkrampf kriegt, dann sind Ihre „Schätze" im Papiermüll wohl besser aufgehoben! Der goldene Mittelweg zwischen „das Buch behalten" und „das Buch wegwerfen" ist für manchen Messie im Trennungsschmerz: „Für das Buch suche ich ein gutes neues Zuhause." Packen Sie also einen Karton voll mit Büchern und verschenken Sie die Bücher an eine soziale Einrichtung, an die Patientenbücherei eines Krankenhauses oder sonst wohin. Aber seien Sie schnell damit! Oder ein Kumpel soll das für Sie erledigen. Hauptsache, die Bücher verschwinden aus Ihrem Haus. Besser morgen als übermorgen. Die landen sonst auf geheimnisvolle Weise wieder in Ihrem Bücherregal. *Ihre* Bücher sind nämlich der Meinung, bei *Ihnen* hätten sie das perfekte Zuhause!

Prinzip II   Bücher werden dem jeweiligen Zimmer thematisch zugeordnet.

Das heißt, Kochbücher kommen in die Küche. Kinderbücher kommen ins Kinderzimmer. Belletristik gehört in das Wohnzimmer. Lexika sowie Sach- und Fachliteratur werden im Arbeitszimmer aufgestellt.

Egal, ob Sie sich nun für Prinzip I oder II entscheiden: Entscheiden Sie sich auf alle Fälle dafür, aus Ihrem Bücherwirrwarr eine private Bibliothek zu zaubern. Sie können jetzt kaum ahnen, was für ein Glücksgefühl sich eines Tages breit macht, wenn Sie in Sekundenschnelle gezielt ein spezielles Buch aus Ihrem Regal fischen können. Das sind die glücklichen Momente, wo Sie mit einem tiefen inneren Frieden erfüllt spüren: „Ich habe die Kontrolle über meinen Alltag zurückgewonnen! Wie gut das tut! Wie erleichtert ich bin!"

Zusammenfassung
* Bemühen Sie sich um eine sehr einfache, eindeutige **Struktur** für Ihre Papiere und Bücher. Setzen Sie nach und nach die genannten Impulse praktisch um. Lassen Sie sich beim Sortieren helfen, wenn Sie ein sehr zerstreuter Mensch sind.
* Setzen Sie alles daran, es sich so bald wie möglich gut gehen zu lassen. Sie sind es wert! Die ersten Erfolge bzw. positiven Erfahrungen bringen neue positive **Gefühle** mit sich. Das wiederum gibt neue Energie und neue Motivation, auf dem guten Weg weiterzumachen.
* Gehen Sie künftig ein Stück erwachsener mit sich selbst um. Dazu gehört nun mal, dass es etwas **Disziplin** im Leben geben muss. Auch auf dem Gebiet Papiere.
* Künftig sollte Ihr Schwerpunkt in Sachen Papiere in der **Auswahl** von Informationen liegen (nicht mehr im lückenlosen Beschaffen von Informationen).
* Werden Sie vom Volltischler zum **Leertischler!**

> Die Seele jeder Ordnung ist ein großer Papierkorb!
> *Kurt Tucholsky*

4/3 Der Büro-Messie

Hier und da gibt es sie, die „Büro-Messies": Der Schreibtisch bricht unter der Last von Papieren fast zusammen. Die Ablage ist undurchschaubar und die Ablagekörbchen vermehren sich auf seltsame Weise. Unterlagen werden ständig angehäuft, aber selten bis nie abgeheftet und wegsortiert. Viel zu viel kostbare Zeit geht

mit Suchen von Unterlagen drauf. Es wird immer mehr Platz
gebraucht ... Ich selbst habe nur wenige Büros zu Gesicht bekommen. Aber bei diesem Thema musste ich sofort an die Dame mit
den flammend roten Haaren denken, die so viele Büros von
innen gesehen hat wie kaum jemand! Diese Frau ist schon längst
über die deutschen Grenzen hinaus bekannt. Kein Wunder: „Ich
verkaufe den zuverlässigen ‚Mercedes‘ der Ordnung", sagt *Edith
Stork* über sich und ihr Programm „A-P-DOK", mit dem sie in
die verschiedensten Firmen, Institutionen und Privatbüros spa-
ziert und dort aus furchtbarem Papierchaos wunderbar einfache
Ordnung zaubert. (Die Zauberformel A-P-DOK steht für
„Administration – Projekte – Dokumentation", was in ihrem
Buch „Logistik im Büro" genau nachzulesen ist.)
Edith Stork hat mir in einem Interview freundlicherweise eini-
ges aus ihrer Zusammenarbeit mit männlichen Chaoten bzw.
Büro-Messies berichtet. Hier auszugsweise einige ihrer Kom-
mentare:

- Wir haben von Grund auf das Patriarchat. Und im Patriarchat
  räumen Männer nicht auf. Männer bekommen gar nicht
  gelehrt, dass das mit dazugehört. ... Söhne von alten Müttern
  räumen nicht auf. Die haben dafür ihre Herzdamen oder ihre
  Sekretärin, ihre Mutter ... Das kriege ich überall in den Büros
  so vorgelebt, dass es immer noch so ist ...
- Natürlich bin ich bei meinen Wanderungen durch die deso-
  laten Büros auch auf reine Männerwirtschaft gestoßen ... Da
  ist mir etwas in Erinnerung: Die Männer dort hatten alle in
  jedem Zimmer acht Jahre lang nicht abgelegt! Das bedeutete:
  Räume, wo Sie weder den Fußboden noch den Schrank noch
  den Tisch sehen und auch das Fenster nicht öffnen können.
  ... Ob das „echte Messies" waren, glaube ich nicht. Als ich
  sagte: „Warum räumen Sie nicht auf?", kam die Antwort:
  „Früher haben das immer die Mädels gemacht. Nun haben
  wir keine Mädels mehr und darum machen wir das auch
  nicht!" Der Zustand war „messiehaft", von mindestens 15

Büros, wo Sie die Tür nicht mehr aufmachen konnten! ... Es gibt diesen Zustand der „Verwahrlosung" ... Irgendwo fehlt die Erkenntnis, dass zu einem kaufmännischen Vorgang halt auch das Papier gehört, das man ablegen muss ... Wenn man noch nicht alles im Computer hat und alles noch in Papierform hat, dann muss man das eben ablegen. Natürlich nach Methode. Und wenn man keine Methode hat, dann ist das „Hoch Zehn."...

- Es gibt den, der sagt: „Ich will Sie gar nicht haben. Ich will so leben. Lasst mich doch! Wenn ihr mir das wegnehmt, verlasse ich die Firma!" Ich hatte so einen Fall. Da haben wir alles drum herum aufgeräumt. Und den einen, den haben wir so hocken lassen in seiner sokratischen Zelle. Zugeräumt bis oben hin. Er hat sich als „Original" bezeichnet und er wollte auch so leben. ...

- Es gibt auch Männer, die haben Chaos, weil sie für drei arbeiten und der Situation nicht Herr werden. Irgendwann sind sie am Anschlag angelangt. Dann sind sie froh, wenn es jemand (wie mich zum Beispiel) gibt, der sagt: „Komm, wir regeln das." ...

- Mir begegnen auch sehr oft Männer, die viel auf Reisen sind und kaum Zeit vor Ort haben. Sie sagen mir aber: „Nur ich kann alles machen! Und wenn ich das mache, wird es so gemacht, wie ich das will." Sie delegieren nichts. Bis so ein Mann zu dem Haufen kommt, den er endlich mal erledigen muss, brennt schon was an. ... Das ist eine Angst, dass ihm das, was da von anderen gemacht wird, aus der Hand gleitet. Das heißt, wenn er es nicht macht, dann weiß er plötzlich nichts mehr. Und es könnte sein, dass ihm was abhanden kommt. Er hat ein Kontrollbedürfnis gegenüber anderen. Er ist misstrauisch, dass der andere das nicht richtig macht. Deshalb macht er es lieber selbst. ...

- Stichwort „Loslassen und Wegwerfen": Es gibt Männer, die meinen, dass sie das alles zum Leben brauchen. Und dass ihnen etwas fehlt, wenn sie es nicht haben. ... Ich erinnere mich an einen Mann, der musste das Haus räumen. Ich sagte zu ihm: „Ach, da haben Sie ja die Gunst der Stunde, alles abfackeln!" Da war er ganz still und dann sagte er: „Ich kann doch nicht mein Leben und alles, was ich gesammelt habe, wegwerfen! Die ganzen Artikel, die ich gesammelt habe! Tausende von Artikeln, das könnte ich doch alles fürs Leben brauchen!" Ich erwiderte: „Was Sie fürs Leben brauchen, ist was ganz anderes. Das hat nichts mit diesem Papier zu tun. Sie halten sich an etwas fest, was gar nichts sagt. Das Papier ist geduldig, das redet nicht. Das mutiert aber auch nicht, es verwandelt sich unterwegs nicht. Es bleibt diese Dreckhalde!" Er behauptete, er brauche die Papiere zum Bestandteil seines Wissens: „Wenn ich diese Zeitungen wegtue, dann geht ein Stück von mir weg. Das habe ich doch alles gesammelt, und ich könnte es doch gebrauchen. Das ist doch mein Leben! Über jeden Artikel habe ich doch nachgedacht!" ... Der Mann sitzt jetzt noch mit seinen Kartons in seinem Keller. Er kann nicht loslassen, er hat Angst. Und ich denke, Angst hat in dieser Situation auch was mit Lebensqualität zu tun und auch mit einer Form von Daseinsangst. Wenn ich ihm die Papiere jetzt wegnehme, muss ich ihm was anderes dafür geben. Wenn ich ihm die Ordnung gebe, dann reicht das nicht für sein Angstgefühl. In der Ordnung allein liegt nicht die Erledigung seiner Ängste. ...

- Manchmal werde ich überhaupt nur bestellt, weil sie *einen Messie* haben! 15 Leute sind in Ordnung, und sie wollen, dass dieser eine Messie von mir „geheilt" wird. Es gibt solche Firmen, die haben einen einzigen richtigen Chaoten dazwischen, der stoppt den ganzen Betrieb mit seinem Papierzeug. Die Firma hat den Mann abgemahnt ... Dann ruft die Firma mich. Die anderen ringsherum erkennen natürlich sofort, dass ich nur gerufen werde wegen dieses einen Menschen. Alle sagen, sei es der Vorstand, sei es der Chef: „Den wollen wir nicht so! Das gestatten wir nicht. Der kostet uns Geld, der stört unser Renommee!" Die werden damit nicht fertig. Sie wussten von mir, dass ich schon mal streng bin, dass ich mich durchsetze. ... Ich mache ja das, was die anderen sich nicht trauen! ... Wie gesagt, gibt es das manchmal, dass eine Gruppe von Mitarbeitern *einen* Messie erleidet. Und sie können nichts machen, sie mögen den doch sogar. ...

Wie heißt es so schön: „Erkenntnis ist der erste Schritt zur Besserung." Erkennen Sie, wie sich Ihr Messietum im Beruf niederschlägt. Schauen wir mal genauer hin und verteilen das Ganze auf mehrere Töpfe ...

Im Grunde gibt es nur einen Problembereich, auf den Sie kaum Einfluss haben:
❏ Es gibt für zu wenig Personal zu wenig Zeit und zu viel Arbeit.

Die nächsten Punkte betreffen das fehlende Know-How in Sachen Strukturierung des Papierkrams („Büro-Logistik") sowie in Sachen Zeitplanung:
❏ Ich habe null Ahnung, wie ich den ganzen Papierkram im Büro managen soll.
❏ Mir fehlt der Überblick, so vieles stürzt gleichzeitig auf mich ein.

Alle anderen Schwierigkeiten sind *Ihre* höchst eigenen, selbstgemachten Probleme:
❏ Ich meine, Papierkram ordnen ist eine Sache für eine Frau (Sekretärin).
❏ Wer aufräumt, ist zu faul zum Suchen. Das Genie beherrscht das Chaos.
❏ Ich kann nicht Nein sagen, ich lasse mir immer zu viel Arbeit aufhalsen.
❏ Ich habe gern alles selbst unter Kontrolle, ich gebe meine Arbeit fast nie weiter.

> Ich wünsche mir die Gelassenheit, Dinge hinzunehmen, die ich nicht ändern kann, den Mut, Dinge zu ändern, die ich ändern kann, und die Weisheit, das eine vom anderen zu unterscheiden.

> Ich habe es gern, wenn alles um mich herum durchsichtig ist. Ein gut aufgeräumter Schreibtisch verschafft mir Seelenfrieden.
>
> *Alfred Hitchcock*

❑ Ich bin ein wichtiger Mann in meinem Job, im Grunde bin ich unentbehrlich.

❑ Ich kann mich nicht konzentrieren, ich arbeite zu langsam, bin oft abgelenkt.

❑ Ich brauche all diese Papiere noch mal, ich kann sie nicht einfach wegwerfen.

Sie werden wohl kaum Ihrem Chef ein besseres Management beibiegen, geschweige denn um mehr Personal betteln können. Da gilt die Gelassenheit, etwas nicht ändern zu können. Bei allen anderen Punkten gilt der Mut, etwas selbst in Angriff zu nehmen. Sei es, dass Sie ein Training zur besseren Zeitplanung brauchen. Oder dass Sie eine Schulung in Sachen Büroordnung nötig haben. Und der größte Knackpunkt: Sie brauchen eine veränderte Einstellung zu Ihrem Job. Das kann ich Ihnen – auf ein paar Buchseiten gequetscht – leider nicht beibringen. Sorry!

SCHLUSS MIT DEM CHAOS

Kapitel 5

Am Ball bleiben

5/1 Zur Mitte gehen

Wenn Sie eine Wäscheschleuder nicht gleichmäßig beladen, dann hoppelt sie Ihnen um die Füße herum. Sie läuft dann nicht rund. Bei uns Messies stimmt mit der Zentrifugalkraft auch irgendwas nicht so ganz. Wir laufen auch nicht rund. Wir haben unser Leben auch irgendwie „nicht gleichmäßig beladen". Irgendwie scheint es für uns Messies nicht möglich zu sein, ausgewogen zu leben. Wir sind gefangen in unseren dichotomen (= zweigeteilten) Denkstrukturen, also in diesem Entweder-Oder-Denken. Es ist entlastend für uns, wenn wir lernen, eine Sowohl-als-auch-Grundhaltung zu verinnerlichen. Im Leben gibt es nicht nur schwarz und weiß, sondern auch viele Grautöne.

Mit einigen kurzen Impulsen möchte ich Ihnen aufzeigen, dass es zwischen zwei Polen auch irgendwo ein Mittelfeld gibt:

Normalität ...
... ist die Mitte zwischen „Dauer-Action" und „Langeweile".
Ich denke, wir Messies haben eine seltsame Einstellung zum Begriff „Normalität". Ein „normales Leben" zu führen heißt in unsere Denkart übersetzt, „ein langweiliges Leben" zu führen. Zu dem Lebensstil vieler Messies gehört es anscheinend, dass es immer ein Feuerwerk geben muss, es muss bunt und aufregend zugehen. Auf jeden Fall muss das Leben Abwechslung bieten. Bloß kein 08/15-Dasein fristen! Um die nächste Kurve muss schon das nächste Highlight warten, alles, nur nicht so ein „Jedermanns-Leben" führen! Oder? Nun gut, ich habe ein wenig übertrieben, aber die Tendenz dahin – das kennen Sie von sich selbst, nicht wahr? Was assoziieren Sie eigentlich mit dem Wort **Normalität**?

Ich möchte Ihnen ans Herz legen, dass Sie lernen, Ihr Lebensschiff künftig in ruhigere Bahnen zu lenken. Sorgen Sie dafür, dass die „Ausschläge nach oben und unten" mit der Zeit immer kleiner werden. Hören Sie auf mit der Jagd nach ständig neuen

Highlights. Hören Sie auf damit, Ihre Zeit so voll zu stopfen mit Dutzenden von Aktivitäten. Highlights sind absolut okay, sie sind ein wichtiger Input für uns, eine Energiequelle. Aber wir dürfen es damit nicht so dermaßen übertreiben! Es muss auch ruhige, „normale" Tage geben.

(Bei manchen Leuten frage ich mich insgeheim, vor was sie eigentlich auf der Flucht sind, dass sie sich derart mit Aktivitäten zuschütten. Haben sie etwa Angst vor der Ruhe und Besinnung auf sich selbst?)

Heute ...
... ist die Mitte zwischen „Gestern" und „Morgen".

Sie als Messie haben tausend Angelegenheiten gleichzeitig im Kopf. Ihre Gedanken flattern wie Schmetterlinge hin und her, mal zu einer zurückliegenden Sache, kurz darauf zu etwas, das noch vor Ihnen liegt. Wann haben Sie das letzte Mal bewusst im Hier und Jetzt gelebt? Wann haben Sie das letzte Mal den Augenblick genossen? Wann waren Sie zuletzt mit Ihrem Kopf und Ihrem Herzen ganz bei der Sache, die gerade dran war?

Ein weiser Mann wurde einmal befragt, warum er trotz seiner vielen Beschäftigungen immer so gesammelt sei. Er erklärte: „Wenn ich stehe, dann stehe ich. Wenn ich gehe, dann gehe ich. Wenn ich sitze, dann sitze ich. Wenn ich esse, dann esse ich. Wenn ich spreche, dann spreche ich ..."
Da fielen ihm die anderen ins Wort und sagten: „Das tun wir auch. Aber was machst du darüber hinaus noch Besonderes?" Der Weise meinte wieder: „Wenn ich stehe, dann stehe ich. Wenn ich gehe, dann gehe ich. Wenn ich sitze, dann sitze ich. Wenn ich esse, dann esse ich. Wenn ich spreche, dann spreche ich ..."
Die Leute unterbrachen ihn wieder und sagten: „Aber das tun wir doch auch!"
Er aber antwortete ihnen: „Nein, denn wenn ihr sitzt, dann steht ihr schon. Wenn ihr steht, dann lauft ihr schon. Wenn ihr lauft, dann seid ihr schon am Ziel!"

Kommen Sie mit Ihrem Kopf aus der Vergangenheit und der Zukunft zurück zur Mitte, zur Gegenwart. Konzentrieren Sie sich auf den kostbaren Augenblick im Hier und Jetzt, auf die gegenwärtige Stunde Ihres Lebens.

Zeitweise Zeit für mich ...
... ist die Mitte zwischen „Helfersyndrom" und „Egoismus".
Hören Sie auf, sich ständig mit Leuten zu umgeben, die angeblich ohne Ihre Hilfe verloren sind. Haben Sie etwa ein Schild auf Ihrer Stirn, wo draufsteht: *„Hallo, ich bin ein Märtyrer. Jeder, der mag, darf mich Tag und Nacht ausnutzen. Ich schufte mich gern für andere Menschen kaputt!"* Nun?
Lernen Sie so schnell wie möglich, wie Man(n) das Wort Nein klar und unmissverständlich ausspricht.
So lange, wie Ihr Alltag bzw. Ihr Haushalt noch dringend Ihre Aufmerksamkeit braucht, sollte das oberste Priorität für Sie haben. Sagen Sie laut zu sich selbst, wenn keiner mithören kann: *„Der wichtigste Sozialfall in der nächsten Zeit bin ich selbst! Jetzt bin erst mal ich dran! Und sonst niemand. Der Mensch, der in den nächsten Wochen am meisten Hilfe, Zeit und Fürsorge braucht, bin ich!"*
Das hat nichts mit Egoismus zu tun, das hat was mit dringend nötigem Selbstschutz zu tun. Nehmen Sie sich selbst bitte wichtig genug. Ein unausgewogenes, chaotisches Leben in Richtung Normalität (zurück) zu steuern geht nicht von heute auf morgen. Dazu brauchen Sie Zeit, Energie, Motivation, Information. Lassen Sie sich also Ihre Zeit und Ihre Energie nicht ständig von anderen Leuten klauen!

Gleich ...
... ist die Mitte zwischen „Sofort" und „Später".
Wir müssen nicht ständig sämtliche Aufgaben, die auf uns zukommen, sofort in nächster Sekunde erledigen. Dann und wann etwas aufzuschieben ist eine völlig normale Verhaltensweise. Kritisch wird es erst dann, wenn „Morgen, morgen, nur nicht heute!" zur Gewohnheit geworden ist, wenn sich das als

Grundeinstellung manifestiert hat. Die Aufschieberitis von Messies ist nichts, was noch milde belächelt werden kann. Dieses Verhaltensproblem zieht sich wie ein roter Faden durch unser Messiedasein. Wir nehmen dabei diverse negative Konsequenzen in Kauf. Wir riskieren das Verärgertsein anderer Menschen. Wir riskieren die Anmahnung nicht bezahlter Rechnungen. Wir leben bis hin zu psychosomatischen Folgen aufgrund der dauernden inneren Anspannung.

Wir haben uns mehrere „Tricks" angeeignet, mit denen wir das Hinausschieben vor uns selbst rechtfertigen oder aber verschleiern können. Einige Beispiele:

> Nichts ist so ermüdend wie das Mit-sich-Herumschleppen unerledigter Aufgaben.
> *William James*

Vermeidungsverhalten
Wir fangen eine Arbeit gar nicht erst an. Das Nicht-Anfangen kann sich je nach der subjektiven Bewertung der Aufgabe über Stunden, Tage, Wochen, Monate und sogar Jahre hinziehen. Mir wurden Beispiele erzählt, da ging es um mehr als 10 Jahre des Nicht-Anfangens. Welch eine ungeheure Last!

Fluchtverhalten
Wir flüchten plötzlich mittendrin aus einer Arbeit. Wir kommen ganz plötzlich auf die Idee, Kaffee zu kochen, zu telefonieren, fernzusehen, einkaufen zu gehen, Freunde zu besuchen, ein Nickerchen zu machen, Zeitung zu lesen usw.

Übersprunghandlung*
Wir wechseln von dieser Arbeit plötzlich zu einer ganz anderen – scheinbar wichtigeren – Arbeit. (*In Anlehnung an das Tierreich hat Friedhelm, ein mir bekannter Messie, das Verhalten treffend so definiert: Eine Katze, die sich nicht zwischen Kampf und Flucht entscheiden kann, gerät massiv unter Spannung. Um diesen inneren Druck abzubauen, macht sie plötzlich etwas völlig anderes, sie leckt beispielsweise ihr Fell ab.)

Verzögerungstaktik
Wir halten uns übermäßig lange an einer anderen – scheinbar wichtigen – Arbeit auf und haben dann keine Zeit mehr für die Durchführung der ursprünglich eingeplanten Arbeit.

Argumente für das Aufschieben

In unserem Kopf befinden sich hinderliche Denkmuster, die bei uns Blockaden und Widerstände gegen Aufgaben hervorrufen, welche wir subjektiv als unangenehm bewerten. Die Folge: Wir neigen zum Aufschieben. Die Bewertungen laufen wie gesagt unbewusst ab, deshalb ist der erste Schritt zur Veränderung das Bewusstmachen dieser Argumente.

- ❑ Ich kann immer am besten *unter Druck* arbeiten.
- ❑ Ich bin unsicher, ich weiß nicht, *wie* ich diese Arbeit durchführen soll.
- ❑ Ich befürchte, ich könnte bei dieser Arbeit *Fehler* machen.
- ❑ Ich befürchte, ich halte die Arbeit *nicht bis zum Ende* durch.
- ❑ Ich habe es mir irgendwie *angewöhnt*, immer alles aufzuschieben.
- ❑ Diese Art von Arbeit ist überhaupt *nicht mein Fall*.
- ❑ Ich befürchte, *andere* sind mit dem Ergebnis dieser Arbeit nicht zufrieden.
- ❑ Ich befürchte, ich werde *meinen hohen Ansprüchen nicht genügen* können.
- ❑ Wer auf den letzten Drücker arbeitet, beweist damit eine gewisse *Genialität*.
- ❑ Ich arbeite erst, *wann ich es will*, und nicht, wann andere das fordern.
- ❑ Ich bin erschöpft, ich kann mich zu dieser Arbeit *jetzt nicht aufraffen*.
- ❑ Mit meinem übervollen Kopf *vergesse* ich diese Arbeiten immer wieder.
- ❑ Ich mache diese Arbeit erst, wenn ich *Lust* dazu habe.

Beobachten Sie sich künftig bitte viel intensiver. Wenn Sie sich demnächst mal wieder beim Versuch des Aufschiebens „ertappen", lauschen Sie aufmerksam „nach innen". Der Vorschlag mag Sie jetzt irritieren, aber dieser „private Lauschangriff" lässt sich wirklich mit der Zeit ganz gut trainieren. Warten Sie es ab, diese Übungen könnten ungeahnte Aha-Erlebnisse für Sie ergeben …

„Chronisches Aufschieben" ist, wie oben bereits gesagt, eines der heftigsten Probleme eines Messies. Es ist also für Sie von höchster Priorität, dieses Thema im Auge zu behalten. Im Rahmen dieses Buches kann ich unmöglich sämtliche Facetten der Aufschieberitis detailliert beleuchten! Das haben kluge Männer wie Albert Ellis, Frank Bruno oder Hans-Werner Rückert bereits in aller Ausführlichkeit getan.

Halten wir noch einmal fest: Ihre bisherige Einstellung hieß: *„Was ich heute kann besorgen, das verschieb ich stets auf morgen!"* Ihre künftige Einstellung soll lauten: *„Was ich heute kann besorgen, das verschieb ich nicht auf morgen!"*

Zwischen diesen beiden Denkmustern ist es ein längerer Weg. Wenn das Ganze so einfach zu lösen wäre, würde es keine dicken Fachbücher zu dieser Thematik geben. Als gedankliche Anregung möchte ich Sie an Kapitel 3/1 erinnern. Da ging es um das A-B-C-Modell. Bei der Überwindung des Aufschiebens geht es auch um eine Vorgehensweise auf der Basis kognitiver Therapiemethoden, verbunden mit ganz praktischen Hilfestellungen: Dabei werden vor allem vier Bereiche genauer beleuchtet: die blockierenden Gefühle, die blockierenden Denkmuster und auf der praktischen Seite die fehlende Kenntnis betreffend Strukturierung von Arbeiten oder auch das mangelnde Zeitmanagement.
Eine Hypothese möchte ich abschließend noch anfügen und mit dieser stehe ich wahrhaftig nicht allein da. Viele Messies beobachten bei sich selbst auf dem Weg der inneren und äußeren Ver-

änderung, dass die Sache mit der **Überforderung** ein zentrales Thema ist. Wenn also die Grundhaltung des chronischen Aufschiebens erfolgreich modifiziert werden soll, muss gleichzeitig überlegt werden, wie der Messie aus der Falle der Überforderung herauskommen kann. Viele von uns Messies führen ein Leben in permanenter **Überforderung**. Und wer massiv überfordert ist, der schiebt verständlicherweise Arbeiten vor sich her.

Mein Vorschlag: Jedes Mal, wenn Sie in der nächsten Zeit zu sich selbst sagen: „Ich bin jetzt zu erschöpft/zu müde/zu abgespannt, um diese Arbeit zu tun. Ich verschiebe das!", dann gehen Sie über diesen Gedanken nicht mehr so schnell hinweg. Versuchen Sie, genauer zu beleuchten, wer oder was Sie in die Erschöpfung bzw. Überforderung „getrieben" hat. Machen Sie sich ein paar Notizen zu Ihren Beobachtungen. Damit können Sie durchaus schon ganz hilfreich auf die richtige Spur gelangen ...

Da Messies eine auffallend heterogene Gruppe von Menschen sind, muss es auch verschiedene Lösungsansätze geben, die individuelle Besonderheiten berücksichtigen ... Wie *Ihr* persönlicher Lösungsansatz im Detail am besten aussehen sollte, kann leider niemand – aus der Ferne – auf die Schnelle feststellen.

Fünfzig ...
... ist die Mitte zwischen „Eins" und „Hundert".
Sicherlich leiden Sie unter Ihrem Perfektionismus. Bisher haben Sie unheimlich hohe Erwartungen an sich gehabt. Sie haben sich selbst mit überhöhten Ansprüchen gequält. Lassen Sie das. Legen Sie die Latte endlich tiefer! Sie sind nicht mit dem Perfektionismus geboren worden. Aber sehr wahrscheinlich sind Sie in einem Elternhaus „gelandet", das Sie zum Perfektionisten gemacht hat. Ihre Eltern konnten Ihnen vielleicht keine vorbehaltlose Annahme vermitteln. Überlegen Sie selbst: Sind Sie unter großen Leistungsdruck gesetzt worden? War das Klima im Elternhaus geprägt von erhöhtem Erwartungsdruck an Sie? Haben Sie Ihre Identität über die Leistung gefunden? („Ich lei-

ste, ich werde dafür anerkannt, also bin ich!") Haben Sie nur dann elterliche Wertschätzung, Aufmerksamkeit und Fürsorge erlebt, wenn Sie als Kind „bestens funktionierten"? Das Drama ist, niemand kann ständig im Leistungshoch leben. Kein Kind kann den überzogenen Forderungen *solcher* Eltern ständig gerecht werden ...

Mit dem Perfektionismus zu brechen bedeutet, die Nabelschnur zu durchtrennen. Nabeln Sie sich, wenn nötig mit fachlicher Hilfe, von Ihren Kindheitsmustern ab. Definieren Sie sich nicht länger über Leistung. Sie sind erwachsen. Sie brauchen sich niemandem mehr zu beweisen. Ihr Recht, auf dieser Welt zu sein, ist nicht mit Leistung zu begründen. Sie haben das Recht, auf dieser Welt zu sein, weil Sie *Sie* sind. Ein Original. Hören Sie auf mit: „Ich *leiste*, also bin ich!" Fangen Sie an mit: „Ich *lebe*, also bin ich!" Also stoppen Sie dieses: „Ich bin nur liebenswert, wenn ich alles richtig mache." Lernen Sie das: „Ich bin liebenswert, auch wenn ich Fehler mache!"

> Wer glücklich sein möchte, muss sich oft verändern.
> *Konfuzius*

5/2 Die Zeit managen

Ich habe noch keinen Messie getroffen, der im Brustton der Überzeugung meinte: „Ich habe meine Zeit im Griff." Aber ich habe auch schon lange keinen „Normalo" getroffen, der von sich behaupten konnte: „Ich bin ein Meister der Zeitplanung." Fast alle Leute, die ich kenne, stöhnen über Zeitknappheit und Stress. Mir liegt eine Bücherliste mit über 100 Titeln zum Thema *Zeitmanagement* vor. Wahnsinn! Welch eine Not und welch ein Bedarf an Information verbergen sich dahinter!

Bei dem Versuch, die täglichen 1440 Minuten gut einzuteilen, stehen Sie wahrhaftig nicht allein da. Das heißt nicht, dass alles so bleiben kann, wie es ist. Nehmen Sie Hektik und Stress nicht als unumstößliche Tatsache des 21. Jahrhunderts hin. Hilfe! Nein! Stopp! Halten Sie inne! Und begreifen Sie: Sinnvolle Zeitplanung ist das A und O, um nicht irgendwann ausgebrannt und erschöpft in der Ecke zu liegen.

> Zeit ist keine Schnellstraße zwischen Wiege und Grab, sondern Platz zum Parken in der Sonne.
> *Phil Bosmans*

Das einzige Zeitmanagement, das ich guten Gewissens propagieren kann, ist ein *ganzheitliches Zeitmanagement.* Damit meine ich ein Zeitmanagement, das mir eine Ausgewogenheit zwischen Arbeit und Freizeit vermittelt, zwischen Zeitbindungen und Zeitfreiheiten. Mein Denkansatz ist: Lerne, die Notwendigkeiten des Alltags geplant und effektiv zu erledigen, damit du mehr Zeit gewinnst für die angenehmen Seiten des Lebens.

I. Checken Sie Ihren Umgang mit der Zeit

1. Überprüfen Sie Ihre Grundeinstellung zum Thema Zeit.

Vielleicht ist es an der Zeit, dass Sie endlich anders über die Zeit denken! • Stopp mit dem Gedanken, Hektik mache einen „dynamischen Menschen" aus. • Stopp mit der Idee, ein voller Terminkalender sei das Synonym für „wichtige Persönlichkeit". • Stopp mit dem Irrglauben, Zeitnot sei gleichbedeutend mit „Es ist immer was los".

2. Führen Sie ein Zeitprotokoll.

Protokollieren Sie zwei Wochen lang (besser noch für drei bis vier Wochen) stichwortartig, wie Sie Ihre Zeit vom Aufstehen bis zum Schlafengehen verbringen. • Das wird für Sie ein riesiges Aha-Erlebnis sein, wenn Sie hinterher auszählen, wofür Ihre Zeit draufgeht! Vielleicht sind Sie geschockt, wie viel Zeit Sie tatsächlich am Telefon hängen. Oder Sie sind geplättet, wie viele Stunden Sie vorm Fernseher verbringen. • Seien Sie ganz ehrlich mit dem Protokoll. Selbstverarschung bringt Ihnen gar nichts! • Rechnen Sie bitte durch, auf wie viele Stunden Haushaltsarbeit Sie in einem Zeitraum von einer Woche kommen.

3. Analysieren Sie Ihren persönlichen Ist-Soll-Vergleich.
Versuchen Sie, anhand des Zeitprotokolls herauszufinden, wie
sich der Vergleich darstellt zwischen Ihrer gewünschten Zeiteinteilung und Ihrer real gelebten Zeiteinteilung. Fragen Sie sich
selbst: „Ist meine Schieflage eigentlich ein Problem von Zeitdruck, Arbeitsdruck, Leistungsdruck oder Wissensmangel?"
• ZEITDRUCK – Sie verzetteln sich. Sie bummeln, Sie sind
unmotiviert. Sie gehen spontan, unrationell und ungeplant an
Arbeiten heran, was zu Zeitchaos führt. Sie sind ständig in Zeitnot. Sie verschätzen sich ständig mit dem Zeitbedarf für all die
Arbeiten.
• ARBEITSDRUCK – Sie stehen allein vor einem Berg von Sor-
tier- und Haushaltsarbeiten. Bei Ihrem Beruf mit all den Über-
stunden bleibt nicht genug Zeit für den Haushalt.
• LEISTUNGSDRUCK – Ihr Stress in der Haushaltsführung ist
selbst gemacht, da Ihr Anspruchsniveau zu hoch ist. Sie gehen
an eine Arbeit zu perfektionistisch heran, brauchen zu lange,
sind hinterher zu erschöpft und zeitlich zu knapp dran, um noch
andere Arbeiten zu schaffen.
• WISSENSMANGEL – Sie und Ihre Hausmannsarbeit ... zwei
Welten prallen aufeinander! Ständig passieren Ihnen tausend
Pannen, von Wäsche verfärben über falsche Putzmittel benutzen
bis hin zur Unsicherheit, sich selbst im Alltag zu organisieren.
Sie wissen weder, wie man Pläne aufstellt, noch, wie Sie Ihre
totale Zerstreutheit begrenzen können.

II. Impulse zur Lösung Ihres Zeitproblems

1. Lernen Sie die Zeit besser einzuschätzen.
Benutzen Sie als Armbanduhr eine Analog-Uhr. Sie sollen beo-
bachten können, wie der Uhrzeiger sich immer weiter bewegt.
• Stellen oder hängen Sie an mehreren Plätzen in der Wohnung
Uhren auf. Nehmen Sie bewusst wahr, wie subjektiv schnell oder
langsam Ihre Zeit vergeht. • Lernen Sie den Zeitverbrauch für
Ihre Haushaltsarbeiten genau kennen. *Zum Beispiel „Bett*

machen": Schauen Sie auf die Uhr, wenn Sie den ersten Bettzipfel anfassen. Schauen Sie wieder auf die Uhr, wenn Sie mit dem Bettherrichten fertig sind. Notieren Sie die Zeitdauer. *Zum Beispiel „Staubsaugen"*: In dem Moment, wo Sie das Arbeitsgerät aus der Ecke holen, schauen Sie auf die Uhr. Saugen Sie. Stoppen Sie wieder die Zeit, wenn Sie das Arbeitsgerät wegstellen. Zeitdauer notieren!

2. Fangen Sie vieles etwas früher an.
Stehen Sie 15 Minuten früher auf als bisher. • Fahren Sie 10 Minuten eher zur Arbeit als bisher. • Duschen Sie 20 Minuten eher als bisher. • Fangen Sie 30 Minuten eher an als bisher, sich für eine Verabredung zu stylen. • Hängen Sie die frische Kleidung für den nächsten Arbeitstag am Vorabend bereit.

3. Leben Sie nach dem Prinzip „Mach es jetzt".
Lassen Sie *nie wieder* große Berge an Arbeit anwachsen! Anders ausgedrückt: Lieber kleine Häufchen als große Berge bearbeiten. • Kleine Häufchen Arbeit sind schnell erledigt. Wenn Sie für die jeweilige Arbeit nur noch wenige Minuten brauchen, sind Sie eher motiviert, nach dem neuen Arbeitsprinzip weiterzumachen. • Es ist angenehmer, nur noch 10 Blatt Papier abzuheften anstatt 100. • Es ist angenehmer, nur noch 5 Teile Geschirr abzuwaschen anstatt 50. • Es ist angenehmer, nur noch 2 Kleidungsstücke aufzuhängen anstatt 20. • Es ist angenehmer, nur noch 3 Gegenstände in das Regal zurückzustellen anstatt 30. • Es ist angenehmer, nur noch 4 Briefe zu beantworten anstatt 40. • Es ist angenehmer, nur noch 1 Rechnung zu überweisen anstatt 10. • Es ist angenehmer, nur noch 6 Artikel auszuschneiden anstatt 60.

4. Nutzen Sie „kleine Minuten".
Lassen Sie Ihre großspurige Denkweise in puncto Zeit hinter sich. • Denken Sie nicht länger nur an die Nutzung großer Zeitblöcke, lernen Sie die Nutzung kleiner Zeiteinheiten schätzen.

• Voraussetzung: Sie müssen dazu die Zeitdauer bestimmter Arbeiten kennen. Sie müssen wissen, was Sie in 5, 10 oder 15 Minuten schaffen können.

5. Leben Sie mit schriftlichen Plänen.

Benutzen Sie schriftlich fixierte Arbeitspläne, Einkaufspläne, Speisepläne. • Mit guter Planung sparen Sie viel Zeit ein, weil die Grübelei wegfällt, was wann in welcher Reihenfolge dran ist. • Mit einem guten Plan als Grundlage sind Sie in der Lage, rationell und konzentriert zu arbeiten (siehe auch Kapitel 6/2).

6. Kümmern Sie sich um eine kräfteschonende Arbeitsweise.

Beachten Sie Ihre individuelle Leistungskurve. • Tanken Sie täglich Ihre Energiereserven auf: Schlafen Sie genug, essen Sie nährstoffreiche Kost, reduzieren Sie Genussmittel wie Kaffee, Zigaretten, Süßes. • Halten Sie die Balance zwischen Arbeit und kurzen Erholungspausen. • Wechseln Sie ständig ab zwischen unangenehmen und angenehmen Arbeiten. • Belohnen Sie sich für das Erledigen verhasster Arbeiten. • Arbeiten Sie ergonomisch. • Nutzen Sie die „En-passant-Methode" (z.B. Abfalltüte an die Tür stellen, mitnehmen, wenn Sie sowieso rausgehen; z. B. Bierglas von der Stube auf den Flurschrank stellen, beim nächsten Gang in die Küche dorthin mitnehmen). • Benutzen Sie arbeitserleichternde Hausgeräte. • Ein Tag pro Woche ist *frei* von Arbeit. • Kochen Sie vor und frieren Sie was ein. • Entlasten Sie sich, indem Sie bestimmte Arbeiten delegieren (z.B. Mangel/Wäscherei, Putzfrau/Haushaltshilfe, Fensterputzer, Bügelservice). • Und noch ein toller Trick: Üben Sie ein neues Verhalten 21 Tage hintereinander weg ein, z.B. morgens das Bett machen. Nach drei Wochen ist dieser Bewegungsablauf abgespeichert im so genannten EPMS (= Extra-Pyramidal-Motorischen System), das neue Verhalten ist zu einer neuen Gewohnheit geworden und bedarf keines Energieaufwands mehr, da das Verhalten automatisiert abläuft. (Sie kennen diesen Effekt z. B. vom Autofahren. Denken Sie an Ihre Fahrschulzeit zurück.)

7. Wehren Sie sich gegen Störungen.
Ignorieren Sie die Haustürklingel (notfalls einen Zwischenschalter einbauen zum Abstellen der Klingel!). • Ziehen Sie das Telefon raus. Lassen Sie – leise gestellt – den Anrufbeantworter laufen. • Machen Sie einen großen Bogen um Ihren Fernseher, Ihren PC oder Ihre Tageszeitung. Und um Leute, die Ihre Zeit übermäßig beanspruchen wollen. • Schließen Sie Verträge mit sich selbst, setzen Sie sich z.b. ein Zeitlimit: „Bis zu den Nachrichten muss ich mit dem Abwasch fertig sein." • Arbeiten Sie zügig, bummeln Sie nicht herum.

8. Setzen Sie sich klare Ziele und Prioritäten.
Finden Sie heraus, welches Ihre Ziele sind und welche nicht. • Lernen Sie den täglichen Umgang mit Prioritäten:
AA = die allerallerwichtigste Angelegenheit, hat Vorrang vor allem anderen
A = hat hohe Priorität, muss zügig erledigt werden
B = hat eine nachrangige Priorität, kann später erledigt werden
C = hat keine Priorität, verschieben, ggfs. delegieren, ggfs. streichen.

5/3 Das Leben ordnen

Zu Beginn möchte ich Sie gern auf eine Gedankenreise schicken:
Nehmen Sie sich für die Übung etwa eine Stunde Zeit. Setzen Sie sich da hin, wo Sie am liebsten sitzen (Sessel, Sofa, Bett). Stellen Sie in Ihrer Nähe eine brennende Kerze auf. Legen Sie Schreibblock und Stift daneben. Konzentrieren Sie sich auf das Licht der Kerze. Blenden Sie alle Ablenkungen aus. Kein Fernseher, kein Radio, kein offenes Fenster. Keine Zigarette, kein Getränk, keine Speise. Sitzen Sie ganz ruhig vor der Kerze. Nach einer Weile schließen Sie die Augen. Stellen Sie sich vor, Sie haben ein großes leeres Zeichenblatt vor sich liegen. Stellen Sie sich vor, wie Sie beginnen, ein Bild zu

malen. Sie malen ein Bild von Ihrem Leben. So wie sich Ihr Leben gegenwärtig darstellt. Gehen Sie gedanklich alle Ihre Lebensbereiche durch. Versuchen Sie die Stimmungen, die Gefühle, die in Ihnen hochkommen, auf dem gedanklichen Zeichenblatt darzustellen. Wenn Ihr Gedankenbild fertig ist, öffnen Sie wieder die Augen. Bitte schreiben Sie jetzt auf dem Block auf, was auf Ihrem Gedankenbild zu erkennen ist. Tun Sie so, als müssten Sie das einer anderen Person schriftlich erklären. Notieren Sie bitte auch im Detail, welche Gefühle Sie dabei haben. Halten Sie schriftlich fest, mit welchem Lebensbereich Sie sich gedanklich besonders intensiv beschäftigt haben. Machen Sie deutlich, über welche Angelegenheiten Sie ganz besonders gegrübelt haben.

Halten Sie beim Lesen der nächsten Buchseiten Ihre Aufzeichnungen bereit. Gut möglich, dass Sie Ihre Notizen noch ergänzen möchten ...

Vor lauter Beschäftigen mit all den Methoden und Tipps rund um das Ordnen unseres wohnlichen Bereichs können wir Messies vorübergehend aus den Augen verlieren, was außerdem auf dem Plan stehen sollte: Das ist das Ordnen in unserem chaotischen Lebensstil.

Wie geht das? Nun, ich schlage vor, Sie verschaffen sich überhaupt erst mal einen Überblick darüber, was so alles zu dem Wirrwarr Ihres Lebens dazugehört. Betrachten Sie aufmerksam die vier Säulen Ihres Lebens:

Säule I   KÖRPER
Gesundheit, Ernährung, Erholung, Entspannung, Fitness, Lebenserwartung, Freizeit, Urlaub, Muße
Säule II   LEISTUNG
Beruf, Geld, Erfolg, Karriere, Weiterbildung, Vermögen, Wohlstand, Haushaltsführung, Verein, Ehrenamt
Säule III   SINN
Selbstverwirklichung, Philosophie, Religion, Zukunftsfragen, Vergangenheit, Liebe, Hobby, Selbstbild

Säule IV   **KONTAKT**
Partner, Kinder, Eltern, Verwandte, Freunde, Zuwendung, Anerkennung, Kunst, Kultur, öffentliches Leben

> Ein guter Vorsatz
> ist eine private
> Utopie.
> *Bernhard Wicki*

Halten Sie bitte wieder Schreibblock und Stift bereit. Übertragen Sie die vier Säulen auf Ihr Blatt Papier. Lassen Sie sich genug Zeit, gedanklich auf jede einzelne Säule einzusteigen. Bewerten Sie jeden Lebensbereich wie folgt:
– Diesen Bereich bewerte ich **positiv (+)**
– Diesen Bereich bewerte ich **negativ (-)**
– Diesen Bereich bewerte ich **unklar (?)** (zwiespältig, habe keine Meinung)
– Dieser Bereich ist **mein größtes Problem (!)**
– Dieser Bereich gibt mir **Kraft/Freude (*)**
Bewerten Sie bitte jede der vier Säulen sowie jedes der einzelnen genannten Stichworte unter den Säulen. Als Nächstes nehmen Sie sich einen Ausschnittsbereich vor, den Sie mit einem Minus versehen haben. Beantworten Sie folgende Frage: *„Was müsste sich in diesem Lebensbereich für mich ändern, damit ich diesen Bereich künftig positiv bewerten kann?"*
Formulieren Sie des Weiteren aus Ihrer Antwort ein Ziel, ggf. unterteilt in Teilziele. Ihr Ziel muss messbar und machbar sein. Notieren Sie sämtliche Zielmaßnahmen, die Ihnen wichtig erscheinen.

Beispiel: Den Bereich „Fitness" haben Sie negativ bewertet. Ihr **Ziel** könnte lauten: „Ab nächstem Monat werde ich 2 x wöchentlich ein Fitnesstraining absolvieren."
Teilziel 1: „Ich setze mir nach 6 Monaten einen Gewichtsverlust von 5 kg zum Ziel." **Teilziel 2:** „Ich ziele darauf, in 6 Monaten die vier Stockwerke zu meiner Wohnung hoch ohne Atempause zu schaffen." **Zielmaßnahmen:** ...

Ein Leben in Einklang mit unseren Wünschen und Vorstellungen fällt keinem von uns in den Schoß. Im Leben müssen wir mehr an Planung investieren als nur in den Lebensausschnitt „Beruf". Gehen Sie – an die für Sie wichtigen – Lebensbereiche mit konkreten Zielen und Plänen heran, damit kann sich in Ihrem Leben einiges zum Positiven hin ändern!

Bei Ihrer Lebensanalyse könnte auch Folgendes passieren: Ihnen wird erstmalig klar, dass Ihr Leben mit zu viel Aktionismus voll gestopft ist. Sie haben sich in den letzten Jahren zu einem Menschen entwickelt, der immer auf dem Sprung ist. Der keine innere Ruhe mehr findet. Der mit zu vielen Bällen gleichzeitig jongliert. Welche Bälle müssen Sie fallen lassen? Von welchen Aktivitäten sollten Sie besser Abschied nehmen? Welches Engagement hat bei Ihnen oberste Priorität? Was ist weniger wichtig und könnte gestrichen werden? Gehen Sie in sich und überlegen, wie Sie Ihr Leben entrümpeln können. Orientieren Sie sich dabei an der wichtigen Messie-Regel:

Vereinfache dein Leben. Weniger ist mehr.

Immer wieder ist bei Interviews mit *erfolgreichen* Leuten eines deutlich geworden: Erfolgreiche Leute sind erfolgreich, weil sie genau wissen, wo sie hinwollen. Erfolgreiche Leute leben mit eindeutigen, klaren Zielen, Prioritäten und Plänen. Erfolgreiche Leute haben ihre Lebenssinnfrage für sich persönlich geklärt. Alles was sie tun, ist auf ihr großes, übergeordnetes Lebensziel hin ausgerichtet. Wie stellt sich das bei Ihnen dar? Halten Sie Ihre Aussagen schriftlich fest:

> Erkenn, wo du stehst, wo du hinwillst. Mach einen Plan. Und dann geh.
> *Ken Cardigan*

- Mein Lebensziel lautet: ...
- Meine Periodenziele für den jetzigen Lebensabschnitt lauten: ...
- Meine Jahresziele für das kommende Jahr lauten: ...
- Meine Monatsziele für den kommenden Monat lauten: ...
- Meine Wochenziele für die kommende Woche lauten: ...

AUF DEM WEG ZUM ZIEL

Kapitel 6

Alles wird schön

6/1 Kleister und Tapete

Martin hat die letzten Wochen ganz schön malocht. Er hat entrümpelt, die Sperrmüllabfuhr genutzt, allerhand Kleidung aussortiert, Bücher verschenkt, kaputte Elektrogeräte entsorgt, die Küche auf Vordermann gebracht. Martin ist zwar ziemlich ausgepowert, aber auch ziemlich erleichtert. Irgendwie ist er sogar ziemlich stolz auf seine Leistung.

Samstagabend. Martin lümmelt auf seinem Sofa herum, Beine hoch, eine Dose Cola in der Hand, und verfolgt gerade einen spannenden Action-Film im TV. Werbepause. Martin schlürft an seiner Cola und schaut sich im Zimmer um: „Also, irgendwas gefällt mir hier noch nicht!", denkt er. Plötzlich fällt es ihm wie Schuppen von den Augen. Plötzlich sieht er, wie abgewetzt der Polstersessel aussieht. Er nimmt wahr, dass sein Bücherregal Schlagseite hat. Und er sieht den Staub überall, die Spinnweben in der Zimmerecke und die Tapete, die vom Rauchen ganz grau ist. Ein paar Wochen zuvor, als noch tausend Sachen kreuz und quer in der Stube rumlagen, die Regale, Tische und Sessel überquollen mit dem Krempel, da hat er das noch gar nicht bemerkt. Seine Stube sieht jetzt zwar ordentlich, aber ungemütlich aus. „Fast schon steril. Da fehlt irgendwas!", so Martins Grübelei.

Martin ist kein Einzelfall mit seiner Entdeckung. Vielen Messies geht es so: Kommt erst einmal Licht in den Dschungel, fallen „Schwachstellen" viel mehr auf. Es könnte sein, dass in mehreren Bereichen Folgearbeiten auf Sie zukommen. Nachfolgend exemplarisch einige Überlegungen zum **Wohnzimmer**.

Stichwort: Renovierung
Entscheiden Sie bitte für Ihr **Wohnzimmer**:

Fußboden ...
❑   Es reicht eine gründliche Reinigung.
    (bei PVC, Fliesen, Kork o. Ä.: fegen und wischen, evtl. Fußboden-Versiegelung)

(bei Teppich: Grundreinigung mit einem Heißwasserdampf-
gerät oder einem Schaumreiniger-Gerät)
❑ Es soll ein neuer Teppich verlegt werden.
❑ Es kommt künftig PVC, Kork o. Ä. rein, kein Teppich mehr.
❑ Es soll nur im Sitzbereich ein Teppich hingelegt werden.
❑ Es soll nur ein Teppichläufer/eine Teppichbrücke hingelegt
   werden.

Wände ...
❑ Es soll die alte Tapete übergestrichen werden.
❑ Es soll neu tapeziert werden.
❑ Es soll eine Verkleidung (Holztäfelung o. Ä.) angebracht
   werden.

Fenster ...
❑ Es sollen die Fenster (plus Fensterbänke, Fensterrahmen)
   geputzt werden.
❑ Es sollen die Gardinen gewaschen werden.
❑ Es sollen neue Stores gekauft werden.
❑ Es sollen neue Übergardinen gekauft werden.
❑ Es sollen nur noch Schals hängen.
❑ Es sollen nur noch Jalousien oder Rollos vor die Fenster.

Mal ganz ehrlich: Sind Sie ein Könner in Sachen Renovierung
oder haben Sie „zwei linke Hände"? Na? Also, wenn Heimwer-
ker-Arbeiten nicht gerade Ihre Spezialität sind, dann brauchen
Sie Helfer. Wenn Sie zu den glücklichen Menschen mit einem
gefüllten Geldbeutel gehören, können Sie es sich wahrscheinlich
leisten, eine Firma für die nötigen Arbeiten wie Tapezieren oder
Teppichverlegen zu beauftragen. So schonen Sie Ihre Nerven.
Sind Sie finanziell nicht so gut gestellt und finden Sie keine
Freunde, die gern renovieren, dann hilft vielleicht folgender
Gedanke: In einigen Städten gibt es inzwischen so genannte
„Tauschbörsen". Das sind Initiativen, wo, kurz gesagt, Arbeit
gegen Arbeit getauscht wird. Über den Weg könnten Sie an

einen Helfer kommen, müssten aber im Gegenzug auch etwas leisten. In etwa so: Mir hilft einer beim Tapezieren, ich helfe dafür einem anderen am PC. Oder: Eine Frau aus der Tauschbörse näht mir neue Gardinen, im Gegenzug werde ich bei einer Frau den Rasen mähen.

Stichwort: Möbel ...
Entscheiden Sie bitte für Ihr Wohnzimmer:

- ❏ Es sollen alte Möbel ausgemistet werden.
- ❏ Es sollen Möbel ausgebessert, repariert, lackiert, abgebeizt werden.
- ❏ Es sollen Möbel umgeräumt, anders zugeordnet werden.
- ❏ Es sollen neue Sitzmöbel gekauft werden.
- ❏ Es sollen die alten Sitzmöbel neu bezogen, gepolstert werden.
- ❏ Es sollen neue Beistellmöbel gekauft werden.
  (z. B. Beistelltischchen, Sitzhocker, Teewagen, Vitrinenschränkchen, Raumteiler, Pflanzwagen, Blumenständer, Telefon-Board, Eckregal, Phonoecke usw.)

Mit einer prallen Brieftasche dürfte der Kauf neuer Möbel kein Diskussionsthema sein. Wenn es bei Ihnen finanziell etwas enger ist, dann ist Ratenzahlung von Möbeln eine Überlegung wert. Was ist, wenn Sie mit jeder Münze wohl überlegt wirtschaften müssen? Ideen, die ausgesprochen preiswert sind:
Bücherregal: Besorgen Sie sich saubere, neue Steine (z. B. weiße Ytongsteine) vom Bau. Sie brauchen noch ein paar einfache Holzbretter. Stapeln Sie in dem nötigen Abstand und der Länge der Bretter entsprechend die Steine auf. Dazwischen legen Sie die Bretter. Fertig ist Ihr Bücherregal.
Hocker: Organisieren Sie sich ein paar stabile Holzkisten mit Deckeln (gibt es im Obst- oder Weinhandel). Glätten Sie Holzsplitter mit Schmirgelpapier. Legen Sie viereckige Stuhlkissen auf die Deckel der Kisten. Fertig sind Ihre Sitzhocker.

Beistelltisch: Holen Sie sich einen sehr stabilen Verpackungs-karton (z.B. von TV-Geräten oder PCs). Kaufen Sie einen preis-werten Stoff, den Sie über den Karton drapieren, bis zum Fuß-boden runterhängend. Fertig ist Ihr Beistelltischchen.

Stichwort: Wohn-Accessoires (Dekoration) ...
Entscheiden Sie bitte für Ihr Wohnzimmer:

- ❏ Tischdecke, Tischsets, Tischläufer, Zierdecke
- ❏ Obstschale, Bonbonniere
- ❏ Kerzenständer, Kerzen
- ❏ Grünpflanzen
- ❏ Textilpflanzen
- ❏ Plastiken, Reliefs, Büsten, Figuren, Tierfiguren
- ❏ Kissen (Sofakissen, Bodenkissen, Nackenrollen), Sofadecke
- ❏ Zeitungsständer, Zeitungskörbe
- ❏ Wassersäule, Zimmerbrunnen, Mini-Aquarium, Glas mit Glasfischen
- ❏ Bilder (Fotos, Kunstdrucke, Poster, Plakate, Weltkarten, Landkarten, Luftaufnahmen, Karikaturen)
- ❏ Wandteppich, Bild aus Naturmaterialien
- ❏ Masken, 3-D-Bilder
- ❏ Vasen (Bodenvase, Tischvase, Tonkrug) mit Blumen, mit Zweigen
- ❏ Setzkasten (aus Holz, aus Acryl)
- ❏ Lampen (Tischlampe, Lichterkette, Lichtobjekte, Kutscher-lampe)
- ❏ eine dekorative Uhr
- ❏ exotische Kunstgegenstände, Souvenirs
- ❏ Spiegel
- ❏ dekorativer Aschenbecher
- ❏ dekoratives Tablett
- ❏ Glastropfen am Fenster
- ❏ Mobile, Klang-Mobile

Stichwort: Pflanzen

Nach meinem Geschmack wirkt eine Wohnung ohne Pflanzen irgendwie leblos. Grünpflanzen können einen wesentlichen Beitrag leisten, aus einer Behausung eine gemütliche Wohnung zu zaubern. Deshalb habe ich in einer Gärtnerei nachgefragt, welche Pflanzen so robust sind, dass sie das Zusammenleben mit einem „zerstreuten Professor" überleben (lange Zeit jedenfalls). Das sind: Anthurien (Flamingoblume), Grünlilien, Geldbäume, Philodendren, Flinker Heinrich, Efeutute, Flammendes Kätchen, Yucca-Palme, Kakteen, Pflanzen mit dickfleischigen Blättern (Sukkulenten), Drachenbäume (Dracaena), Efeu.

Seien Sie froh, wenn Sie das Geld haben, um lässig in ein Spezialgeschäft für Wohn-Accessoires zu spazieren und ein paar edle Deko-Teile zu erstehen. Falls Sie eher zu den Kleinverdienern gehören: Viele Läden haben sich mit ihrer Angebotspalette und ihren Preisen auf die jungen Leute eingestellt. Es gibt dort eine Riesenauswahl preiswerter Dekosachen, von Glaswaren über Kerzen bis hin zu ausgefallenem Nippes. Falls Sie mal wieder total pleite sind und Ihre Stube doch so gern ein wenig dekorieren möchten: eine Pflanze oder einen Ableger von Freunden abbetteln. Vom Kumpel die leere Weinflasche mitnehmen und eine Kerze draufstecken. Servietten als Ersatz für einen Tischläufer tun es auch. Und ein Gang über den Flohmarkt verhilft Ihnen bestimmt zu ein paar Deko-Gegenständen für Ihr Wohnzimmer. (Aber Vorsicht: Für manche Messies sind Flohmärkte Verführung pur!) Oder legen Sie sich auf die Lauer und passen Sie die nächste Haushaltsauflösung in Ihrer Nähe ab.

Denken Sie daran: Sie sind es wert, dass Sie Ihre Wohnung gemütlich haben! Nehmen Sie nicht nur – wie im Beispiel – den Wohnraum in Angriff. Überprüfen Sie jeden Raum in Ihrer Wohnung. Verschönern Sie das Schlafzimmer. Nehmen Sie Verbesserungen in der Küche vor. Peppen Sie das Badezimmer auf usw. Holen Sie sich Ideen. Lassen Sie sich in Sachen Wohnungsverschönerung inspirieren: Mithilfe von einem Bummel durch mehrere Einrichtungshäuser, Katalogen, Freunden, Wohnraum-Beratern, Kreativ-Märkten, Ausstellungen, Basaren.

6/2 Scheuermilch und Fleckensalz

Dieter sah sich selbst als „Putz-Messie". Seine Zweizimmerwohnung war tipptopp aufgeräumt. Massive Unordnung war für Dieter seit Jahren kein Thema mehr. Dieter war wild entschlossen, nun auch dem Dreck ein Ende zu bereiten. Er stürzte sich in die Arbeit: Er putzte die Fenster auf Hochglanz, saugte, fegte und wischte die Fußböden, wagte sich an den längst überfälligen Abwasch. Sogar der Kühlschrank wurde von innen grundgereinigt. Dieters Meisterleistung jedoch war die Toilette, wie ich bei einem Besuch bemerkte. Der Vorher-Nachher-Vergleich ließ mich sprachlos vor der Kloschüssel erstarren. Ich hätte mir wahrscheinlich lieber ein neues Klo gekauft, statt das alte noch mal zu putzen ... Natürlich packte mich die Hausfrauen-Neugier und ich fragte Dieter, wie er das denn geschafft hätte. Dieter zählte mir mindestens drei verschiedene Putzmittel auf, die er gemixt hatte. Ein Wunder, dass Dieter und sein Klo noch existieren bei der explosiven Mischung! Mann oh Mann! Resultat der energischen, mehrtägigen Putzaktion: Dieter machte schlapp und wurde krank. In seinem Kopf blieb hängen: „Putzen ist furchtbar anstrengend! Ich bin völlig ausgepowert. Diese Mammutaktion hat mich total überfordert. Das war ein schlimmes Erlebnis, ein Putz-Albtraum! So etwas mache ich nie wieder!!!" Aber er möchte es so gern nicht nur ordentlich, sondern auch sauber haben! Dieter sollte sich die Putzmedizin in kleinen Schritten verabreichen. Jeden Tag ein bisschen, das könnte seine Chance sein. Letztlich geht es auch um Dieters Einstellung zu der ganzen Angelegenheit. Bisher hat Dieter Putzen orientiert an seiner Lust oder Unlust dazu. Das ist typisch Messie. Wissen Sie, wenn wir

Messies nur dann putzen würden, wenn wir gerade die passende Stimmung dafür haben, dann würden wir kaum jemals putzen. Nach der mehrtägigen Gewaltaktion assoziiert Dieter Putzen mit „Horror". Durch das Ausprobieren neuer Verhaltensweisen könnte Dieter zu einer neuen Assoziation gelangen: „Putzen bedeutet, es sieht anschließend gut aus in der Wohnung und ich kann mich darin wohl fühlen."

Ich kann Dieter und allen Messie-Männern, die mit dem Putzen im Clinch liegen, nur empfehlen, die Methode der kleinen Schritte auszuprobieren. Jeden Tag ein bisschen. Es ist wichtig, dass wir Messies wegkommen von der Idee, die Routinearbeiten im Haushalt wären ein nicht zu überwindender Berg. Wir müssen die Vorstellung vom kleinen Hügel bekommen, über den man hinwegspazieren kann. Anfangen mit einem Minimal-Programm ...

- ➤ Lebensmitteleinkäufe und -zubereitung
- ➤ Geschirr spülen
- ➤ Wäsche waschen
- ➤ Waschbecken, Dusche, Toilette putzen
- ➤ Betten machen
- ➤ Mülleimer leeren
- ➤ Fußböden reinigen
- ➤ Pflanzen und Haustiere versorgen
- ➤ Treppenhausdienst/Kehrwoche (bei Mietwohnungen)

Legen Sie bestimmte Zeiten fest, zu denen Sie die einzelnen Tätigkeiten ausführen wollen. Stellen Sie dafür einen Plan auf.

Hier ein Beispiel:

Mo. Bett machen, abwaschen, Großeinkauf, alle Fußböden saugen

Di. Bett machen, abwaschen, Flur wischen, Müll zu den Containern

Mi. Bett machen, abwaschen, Wäsche waschen

Do.   Bett machen, abwaschen, zum Wochenmarkt gehen, Bad putzen
Fr.   Bett machen, abwaschen, Blumen gießen, Küche wischen
Sa.   Bett machen, abwaschen, Kehrwoche
So.   Bett machen, abwaschen

Aus der Sicht eines pingeligen Cleanie-Mannes wäre das unterstes Niveau. Aber für Sie ist es vielleicht die erste Herausforderung, sich auf regelmäßige haushälterische Tätigkeiten einzulassen.

Stichwort: Flipper

In Messie-Kreisen gibt es eine Organisationshilfe, das so genannte „Flipperkarten-System". Das ist ein Haushaltsplaner, der einem 4-Wochen-Rhythmus angepasst ist. Außerdem können mit dem Planer Monats-, Quartals- und Jahresarbeiten im Haushalt vermerkt werden. Weil sich die Planungskarten in einem Flip-Fotoalbum befinden, nennen wir das kurz „den Flipper".

Der Flipperkartenplaner ist besonders beliebt bei Messies mit einem größeren Haushalt, mit Familienanhang oder auch bei berufstätigen Messies, die einen schnellen Überblick brauchen. Andere Messies bevorzugen selbst entwickelte Pläne. Wieder andere (die „Ich-hasse-alle-Arten-von-Plänen-Spezies") versuchen sich ohne durchzuschlagen.

Für mich jedenfalls war der Flipper eine Wohltat. Endlich nicht mehr dieses grüblerische Im-Flur-Stehen: „Was ist wann in welcher Reihenfolge warum überhaupt dran?" Als ich mit dem Flipper anfing zu arbeiten, kam es mir vor, als sei mein Gehirn plötzlich von tausend Plänen befreit worden. Plötzlich hatte ich in meinem Kopf Platz für andere Angelegenheiten! Nie wieder über die Planung von Haushaltsarbeit nachdenken! Ich hatte ja aus meinem Kopf alles rausgeschrieben, es stand alles in meinem Flipper, was ich wissen musste!

Es war und ist mein ganz privater, ganz spezieller Flipper. Der lässt sich nicht „klonen". Der wurde von mir „maßgeschneidert", auf meine Bedürfnisse zugeschnitten. Zum Beispiel steht das Wischen von Fußböden auf meiner Beliebtheitsskala ganz unten. Diese Arbeit kann ich nicht ausstehen! Auf der anderen Seite kann ich dreckige Fußböden nicht ausstehen! Also musste ein Kompromiss gefunden werden: Um mich überhaupt jemals zum Wischen zu überreden, habe ich das Wischen von insgesamt 6 Räumen in meiner Wohnung in meinem Flipper auf mehrere Tage in einem 4-Wochen-Rhythmus verteilt. Mein Mann kann darüber – aus seiner Sichtweise als Cleanie – nur den Kopf schütteln. Er würde alle 6 Räume hintereinander weg in einem Durchgang feucht wischen. Das wäre für mich der Horror! Damit meine Fußböden und ich jemals zueinander kommen, muss ich das unbedingt in kleinen Portionen verteilen. Sonst würde ich einen Riesenbogen um diese verhasste Arbeit machen. Wenn da in meinem Flipper auf der Wochentageskarte lediglich steht: „Küche wischen", kann ich damit leben.

(Übrigens: Nach ein paar Monaten des Einübens war ich durch den Flipper so gut geschult in meiner visuellen Aufmerksamkeit für den Haushalt, dass ich den Flipper eigentlich nicht mehr brauchte. Ab und zu gucke ich noch mal rein, um mich an die seltenen Arbeiten zu erinnern.)

Roger ist ein Anhänger des Flippers. Seine Meinung dazu: „Für mich ist der Flipper ein immer während er Haushaltskalender. Das ist Gold wert. Aber: Man muss wirklich bereit sein, danach zu arbeiten! Sonst nützt der Flipper gar nichts. Der entscheidende Vorteil: Du brauchst den Haushaltsplan nur einmal zu machen. Dann steht er fest. Der Nachteil: Das Ausfüllen des Planers zu schaffen, das ist ein ziemlicher Akt. Das ist eine Klippe. Ohne einen Tritt von meiner Freundin, die daran mitgearbeitet hat, wäre das nicht zustande gekommen."

6/3 Shampoo, Seife, Deo

Ich flehe Sie an, seien Sie jetzt bitte, bitte nicht beleidigt! Mir geht es doch nur darum, Ihre Aufmerksamkeit für einen Moment auf Ihr Äußeres zu lenken. Ich würde ja meinen Mund halten, wenn ich nicht hin und wieder einem männlichen Messie begegnen würde, der in seiner übergroßen Zerstreutheit partout nicht registriert, in welcher Aufmachung er das Haus verlässt …!

Stellen Sie sich folgende Szene vor: Sie sitzen in einem Straßencafé, trinken gerade eine Tasse Kaffee. Gegenüber, vor dem Tabakshop, hält ein schicker, silberner Mercedes der S-Klasse. Nach Ihrer Erwartung müsste gleich ein eleganter Typ in einem maßgeschneiderten Anzug mit Krawatte aussteigen. Aber nein. Ein dickbäuchiger Mensch mit zerzausten Haaren, hochgekrempeltem Arbeitshemd und dreckverschmierter Jeans quält sich aus der Limousine und schlurft rülpsend in den Tabakladen. Hand aufs Herz: Würden Sie das Bild als Widerspruch, als unstimmig betrachten?

> Die unheimlichste Erfindung ist der Spiegel. Woher nehmen die Menschen den Mut, da hinzuschauen?
> *Brendan Behan*

Zweite Szene: Ihre Wohnung ist seit drei Wochen entrümpelt und aufgeräumt. Es sieht wirklich nett aus bei Ihnen zu Hause. Vor zwei Tagen ist auf dem gleichen Stockwerk gegenüber eine attraktive allein stehende Frau eingezogen. Die steht jetzt plötzlich vor Ihrer Tür und bittet Sie um eine Filtertüte für den Kaffee. Die Gelegenheit! Da Sie das Innenleben Ihrer Wohnung nicht mehr verheimlichen müssen, laden Sie die hübsche Lady spontan auf eine Tasse Kaffee zu sich ein. Zum Glück haben Sie gerade eine Kanne Kaffee frisch gekocht. Die schöne neue Nachbarin willigt ein und folgt Ihnen in die Küche, wo Sie zusammen einen Becher Kaffee schlürfen und ein wenig plaudern. Die Dame sieht sich unauffällig in Ihrer Küche um. Was sie sieht, gefällt ihr. „Der Typ hat es gemütlich", denkt sie.

„Aber der Typ selbst. Wie der aussieht! Der könnte mal wieder
'ne Dusche und ein frisches Hemd gebrauchen!"
Bevor dieser schöne Traum zum Albtraum ausartet, stoppen wir
hier lieber.
Sauber und ordentlich auszusehen, ist keine Frage des Geldbeu-
tels. Für Messies ist es zuallererst eine Frage der Konzentration
und Aufmerksamkeit auf die eigene Erscheinung! Deshalb
meine vorsichtige Empfehlung: Bevor Sie aus dem Haus gehen,
halten Sie einen Moment inne, und zwar vor dem Spiegel. Ist
alles okay? Wirklich? Machen Sie den „Check von Kopf bis Fuß"
… Überlegen Sie, ob Ihnen gefällt, was Sie da sehen!

Stichwort: Parfüm
Ein edles Parfüm ist etwas Herrliches. Für viele Frauen ist ein
Mann, der einen gepflegten Eindruck macht und obendrein
nach einem guten Parfüm duftet, eine Wohltat.
Sollte Ihr Monat „am Ende vom Geld noch so lang sein", und
das jeden Monat neu, hier mein Tipp: Stolzieren Sie selbstbe-
wusst in eine Parfümerie und erbitten Sie von einem Herren-
Parfüm Ihrer Wahl ein Probefläschchen; mit der Begründung,
Sie seien noch unsicher und wollten erst mal testen. In einer
guten Parfümerie wird man Ihnen sofort eine Probe abfüllen.

Falls Sie das Geld „locker sitzen haben", dann gönnen Sie sich
doch mal eine Farb- und Stilberatung. Warum nicht? Man(n), wir
leben im 21. Jahrhundert! Und der moderne Mann lässt bei der
Kosmetikerin sein Gesicht pflegen, die Finger maniküren. Er
schneidet sich die Haare in der Nase kurz und lässt seine Augen-
brauen zurechtzupfen. In seinem Bad finden sich Augencreme,
Bodylotion und diverse Mittelchen, um die Frisur trendy zu stylen.
Bevor Sie mich jetzt missverstehen: Mir geht es keinesfalls
darum, dass Sie sich von dem von Werbung und Öffentlichkeit
aufgezwungenen Fitness- und Schönheitswahn unterjochen lassen. Das ist ja irre, was da seit den letzten Jahren abgeht: Ein
Mann gilt heute nur noch dann als schön, wenn er einen haar-

losen, muskulösen, toppgepflegten Body vorweisen kann, den er bitte schön mit entsprechenden, eng anliegenden Designer-Klamotten präsentiert! Ich wünsche Ihnen viel Mut und Selbstbewusstsein dabei, die goldene Mitte zu finden zwischen dem Idealbild vom waschbrettbauchtrainierten, glatthäutigen, glutäugigen Sexsymbol und dem Bild vom bierbäuchigen, ganzkörperbehaarten, schweißverstunkenen Ekelpaket. Ihre Wohnung und Ihr Alltag bringen noch eine Weile genug Stress mit sich. Kommen Sie bloß nicht auf die Idee, sich auch noch dem Psycho-Stress mit Ihrem Aussehen zu widmen.

Tipp für den Hausmann
Wenn Sie sich Ihre Fingernägel lackieren möchten, können Sie sich das Schmirgeln und Vorstreichen sparen.

Was für ein beglückender Gedanke: Die Wohnung ist okay! Sie ist aufgeräumt. Sie ist ein wenig renoviert und verschönert worden. Sie selbst kommen frisch geduscht und parfümiert daher. Zufrieden pfeifend verlassen Sie das Haus und wollen in Ihr Auto steigen. Ihr Auto? IHR AUTO!!!

Ihr Auto

Ich hatte gerade eine Freundin vom Bahnhof abgeholt. An einer roten Ampel mussten wir warten. Meine Tochter sagte bei einem Blick aus dem Fenster: „Mama, guck mal, das da neben uns, das ist bestimmt ein Messie!" Neugierig riskierte ich einen Blick in das Auto neben uns und dachte sofort: „Na, der Mann könnte keine Leute vom Bahnhof abholen!" Der Beifahrersitz sowie die Rückbank waren voll belegt mit allem möglichen Zeugs. Außen war das Auto total verdreckt, schlammverkrustet bis zu den Fenstern hoch.

Exkurs Ende

Das war „der Wink mit dem Zaunpfahl" … Also, nun zu Ihnen! Wie steht es mit Ihrem Auto? Es braucht bestimmt nicht Seife und Deo. Aber … Werfen Sie mal einen Blick auf Ihr Auto (= um Ihr Auto herum und in Ihr Auto hinein)!

AUF DEM WEG ZUM ZIEL

Kapitel 7
Die Meisterprüfung

7/1 Fit für die Party

Vor längerer Zeit las ich einen Bericht über den einzigen Jungge-
sellen-Club in diesem Lande. Da hieß es: „Zum Beweis, dass der
Alltag beherrscht wird, muss jeder seine Clubgenossen viermal
im Jahr ohne fremde Hilfe in der eigenen Wohnung bewirten."
Wenn Sie eines Tages so weit sind, dass Sie Ihren Alltag „beherrschen", möchten Sie sicherlich auch endlich (wieder) Besuch
einladen. Ich erinnere mich noch an die Erleichterung von
Heiko, als er zum ersten Mal seit langer Zeit seinen Geburtstag
wieder zu Hause feiern konnte. Haben Sie sich eigentlich mal
ausgerechnet, wie viele Jahre bereits kein Besucher mehr bei
Ihnen war? Vielleicht haben Sie einen bestimmten Tag als Ziel,
an dem Ihr Heim auf der Reihe sein soll. Ist es Ihr Geburtstag?
Oder ist es das Wochenende, an dem Ihr bester Freund von seinem Auslandsjob zurückkehrt und Sie ihn mit einer Willkom-
mensparty in *Ihrer* Wohnung überraschen wollen? Ist es der Tag,
an dem Ihre Tochter das Diplom in der Tasche hat? Oder ist es
das Endspiel bei der nächsten Fußball-WM? Wie auch immer
Ihre Zielvorgabe aussieht, es ist bestimmt ein freudiger
Gedanke, endlich (wieder) in geselliger Runde zu Hause feiern
zu können.

Wenn Sie mit einer gut organisierten Partnerin zusammenwoh-
nen, die Ihnen noch immer wohlgesonnen ist, dann sind Sie
wohl ein Glückspilz und können mit ihr gemeinsam die Organisation „der ersten Party nach dem Leben im Chaos" angehen.
Sie hat sich wahrscheinlich schon lange ersehnt, endlich mal
wieder Besuch zu empfangen, und sie wird sich Ihr Angebot
wohl nicht zweimal überlegen.

Wenn Sie allein wohnen, werden Sie Ihre Party ja wohl selbst
organisieren. (Es sei denn, Sie können sich einen Catering-Ser-
vice leisten.) In dieser Frage lassen Sie uns mal die wichtigsten
Punkte zusammen durchgehen.

Vorher möchte ich Ihrer Erinnerung aufhelfen. Wir alle wissen,
wie schnell einem die Partylaune verdorben werden kann.

Haben Sie das vergessen? Hier ein paar Beispiele für Stimmungskiller, wie ich sie schon am eigenen Leib erlebt habe:

Stimmungskiller Nr. 1: Ich sitze auf der Toilette im Bad der Gastgeber-Wohnung. Zu spät stelle ich fest, dass kein Toilettenpapier vorhanden ist. Meine Handtasche habe ich nicht mitgenommen. In Reichweite meines Armes befindet sich nichts, das annähernd nach Toilettenpapier aussieht. Laut kreischend die Gastgeberin um Hilfe zu bitten: Das kann ich abhaken. Die Musik ist zu laut. Die Tür vom Bad habe ich von innen verschlossen! Der Weg dahin: zu weit! Wenn ich jetzt nicht auf gut Glück ein unbenutztes Taschentuch in meiner Hosentasche finde, ist die Situation ausweglos!

Stimmungskiller Nr. 2: Ich bin für den Abend zu einem Klönschnack eingeladen. Kurz vor meiner Abfahrt (die Geschäfte sind schon zu) erreicht mich ein Anruf der Gastgeberin. Ihr ist siedend heiß eingefallen, dass sie vergessen hat, Getränke einzukaufen. Ob ich nicht noch schnell an der Tankstelle vorbeifahren könnte? Ach ja, und ein paar Knabbersachen wären doch auch ganz nett. Oh, und ihre Zigaretten sind alle. Ob ich ihr eine Packung mitbringen könnte? Als ich voll gepackt mit dem überteuerten Zeug in Richtung Haustürklingel jongliere, wird mir noch nicht mal geöffnet. Die Lady, unpünktlich wie immer, steht noch unter der Dusche und hört mein Klingeln nicht!

Stimmungskiller Nr. 3: Am Kaffeetisch: Das Unglück passiert! In meine Tasse wird Kaffee eingeschenkt. Ich stottere leicht errötend: „Entschuldigung, aber Kaffee vertrage ich nicht. Ich bin Teetrinkerin." Die Gastgeberin starrt mich entgeistert an und erwidert: „Äh, aber Tee haben wir gar nicht im Haus." Na Klasse! Wie der Nachmittag endet, weiß ich jetzt schon: Ich trinke brav den Kaffee und plage mich die nächsten drei Stunden mit Magenschmerzen herum!

Sie sehen also, wie wichtig eine Rolle Toilettenpapier, das rechtzeitige Fertigsein für die Gäste und die richtigen Getränke sind.

Aber keine Bange, eigentlich ist es gar nicht so schwer, Gäste zufrieden zu stellen. Wenn Sie seit Jahren keinen Besuch mehr hatten, könnte es passieren, dass Sie leicht etwas kopflos werden, wenn es dann an der Tür klingelt und der Besuch hereinstolziert. Hängen Sie eine Checkliste in der Küche auf. Es wird Ihnen helfen, die Ruhe zu bewahren. Das braucht Ihnen nicht peinlich zu sein, Checklisten für Partys werden auch von Super-Cleanies angelegt. Damit auch wirklich alles klappt!

CHECKLISTE PARTY-PLANUNG

Im Vorfeld der Party klären:

❑ Wie viele und welche **Gäste** kommen?
(können die sich alle leiden?)
❑ **Einladungen** verschickt/telefonisch weitergegeben?
(habe ich das auf der Gästeliste abgehakt?)
❑ **Wegbeschreibung** bekannt bei den Gästen?
(ggf. Ausschnitt vom Stadtplan zugesandt/zugefaxt?)
❑ **Art des Essens** entschieden?
(z. B. Sektfrühstück, Buffet, Raclette, Barbecue, Menü?)
❑ **Räumlichkeit** vorbereitet?
(z. B. Garten: Gartenmöbel okay? Partykeller: Alles okay? Spinnen verjagt?)
❑ Habe ich die passenden **Getränke** zum Essen?
(z. B. Aperitif, Weißwein zum Fisch o. a.?)
❑ **Besonderheiten** bei den Gästen?
(Diabetiker, Allergiker, Vegetarier, Teetrinker, Antialkoholiker?)
❑ Falls notwendig **Übernachtungsmöglichkeiten** für die Gäste geklärt?
(bei mir zu Hause, im Hotel?)
❑ Rechtzeitig alle **Einkäufe** erledigt?
(z.B. Lebensmittel, Getränke, Girlanden, Servietten, Kerzen?)

❏ Bei Nutzung eines **Partyservice:** rechtzeitig Essen vorbestellt?
(Liefertermin abgeklärt?)
❏ Falls selbst kochen: was kann ich **Vorkochen/Einfrieren?**
(z.B. Suppe, Fleisch?)
❏ **Letzte Besorgungen** erledigt?
(z. B. frische Salate, Brot, Milch, Sahne, Baguettestangen, Grillfleisch?)

Am Tag der Party klären:

❏ Vor der Tür: ein **Fußabtreter** vorhanden?
(sauber? heil?)
❏ Ist die „**Einflugschneise**" okay?
(der Eingangsbereich? der Flur? der Windfang? sauber? aufgeräumt?)
❏ Ist die **Garderobe** okay?
(genug freie Bügel?)
❏ Ist der „**Besucherbereich**" okay?
(sauber? aufgeräumt?)
❏ Ist das **Geschirr** okay?
(heile? sauber? bereitgestellt? Besteck rostfrei? Gläser staubfrei?)
❏ Stehen ggf. **Aschenbecher** für Raucher bereit?
❏ **Dekoration/Tischschmuck?**
(Kerzen, Blumenstrauß, Tischdecke, Servietten, Teekerzen?)
❏ Ist im **Bad** alles okay?
(frische Gäste-Handtücher aufgehängt? genug Toilettenpapier griffbereit? Seife am Waschbecken? Waschbecken sauber? Spiegel sauber? Toilette sauber?)
❏ Frische **Luft?**
(sind die Räume gelüftet? rauchfreie Luft? gute Raumtemperatur?)
❏ Die **Möbel** okay?

(genug Stühle vorhanden? haben alle Platz? Sitzflächen sauber, krümelfrei?)
- ❏ **Musik** okay?
  (Musikanlage okay? CDs bereitgelegt?)
- ❏ **Getränke** noch mal überprüft/kühlgestellt?
  (Eiswürfel zubereitet? Getränke ohne Alkohol? Getränke für die Kinder?)
- ❏ **Speisen** noch mal überprüft?
  (alles eingekauft? genug vorrätig? alles fertig vorbereitet?)
- ❏ **Geschenke-Tisch** frei?
  (Platz für die Geschenke? ggf. leere Blumenvasen vorhanden?)

Achten Sie darauf, etwa eine Stunde vor Eintreffen der Gäste mit allen Vorbereitungen fertig zu sein. Überprüfen Sie bitte, dass auch Sie selbst vorbereitet sind für die Gäste. Ist alles paletti mit Ihrem Äußeren? Ihre Gäste haben nicht nur zwei Augen im Kopf, die kriegen auch mit, ob Sie gerade eben total abgehetzt zur Haustür gesaust sind.

Wenn Sie unsicher sind, testen Sie Ihr neu erworbenes Können das erste und zweite Mal im kleinen Kreis. Laden Sie vertraute Freunde ein. Sollte dann etwas schief gehen, werden Ihre Freunde es mit Humor nehmen. Es sind schließlich Ihre besten Freunde!

7/2 Messie-Männer am Herd

Wenn ich das richtig beurteile, kann es vier verschiedene Reaktionen auf die Überschrift geben:
- ◆ Sie verziehen *gelangweilt* das Gesicht und denken: „Interessiert mich nicht. Ich habe eine Frau, die für mich kocht." Warten Sie es ab: Es wird der Tag kommen, an dem Ihre Frau in die Kur verschwindet!
- ◆ Sie verziehen *gelangweilt* das Gesicht und denken: „Interessiert mich nicht. Ich bin ein Meisterkoch und brauche keine

weitere Belehrung!" Okay, okay! Blättern Sie weiter zum nächsten Kapitel. Bis nachher!

♦ Sie verziehen *verzweifelt* das Gesicht und denken: „Wenn die wüsste! Mein Herd ist seit zwei Jahren kaputt. Ich habe nur eine kleine Kochplatte und lebe seit Jahren von Konserven, Fast Food und kalter Küche. Außerdem ist mir Kochen viel zu aufwendig. Verbraucht viel zu viel Zeit!"

♦ Sie verziehen *verzweifelt* das Gesicht und denken: „Ich würde ja gern kochen. Ich habe sogar meinen Herd vom Gerümpel befreit und ihn wie wild geputzt. Aber ich habe zwei linke Hände, wenn es ums Kochen geht."

Sie! Ja, Sie da mit dem *verzweifelten* Gesichtsausdruck sind mein Kandidat. Vorschlag: Sie gehen nachher einkaufen und probieren das folgende Rezept einfach mal aus. Bis später!

THUNFISCHCREME

Zutaten: 1 Dose Thunfisch im eigenen Saft (210 ml)
1 Päckchen Frischkäse (200 g, z.B. Philadelphia)
1 Tüte Zwiebelsuppe (z.B. Maggi)
wahlweise Kräcker, Pumpernickel oder Brot

Thunfisch-Dose öffnen und das Wasser abgießen. Thunfisch und Frischkäse gut miteinander verrühren (Gabel oder Elektromixer). Die Tütensuppe – wohlgemerkt trocken, direkt aus der Tüte! – gründlich unterrühren. Fertig!
(Die Creme ist sehr lecker auf Kräckern, Party-Pumpernickeln oder auf Brot.)

Okay! Das war Versuch Nr. 1. Waren Sie erfolgreich? Gut. Hat es geschmeckt? Prima. Dann kriegen Sie unter Garantie das nächste Rezept auch hin! (Ach so, falls Sie ein Vegetarier sind, bitte ich tausendmal um Entschuldigung! Soll ich Ihnen ersatzweise zwei – ganz einfache – vegetarische Rezepte zusenden?)

SAHNESCHNITZEL

Zutaten: 500 g Schnitzel (Schwein oder Pute)
1 Zwiebel
1 Dose Champignons (425 ml)
1 Becher flüssige süße Sahne (200 g)
1 Päckchen Jägersoße (z.B. von Knorr)
Gewürze (Salz, Pfeffer, Paprika edelsüß)
Speiseöl
Beilagen: Kartoffeln, Reis, Nudeln oder Baguettebrot

Schälen Sie die Zwiebel, schneiden Sie sie in kleine Stückchen. Würzen Sie die Schnitzel (Salz, Pfeffer, Paprika). Geben Sie etwas Öl in die erhitzte Pfanne und braten Sie das Fleisch kurz an. Nehmen Sie die Schnitzel aus der Pfanne und legen sie auf einen Teller. Jetzt schmoren Sie die Zwiebeln in der Pfanne weich. Gießen Sie die flüssige Sahne dazu. Rühren Sie die Jägersoße sorgfältig ein, damit keine Klümpchen entstehen. Lassen Sie alles ca. 1 Minute aufquellen. Geben Sie jetzt das Fleisch wieder hinzu. Lassen Sie alles noch ein paar Minuten bei geringer Hitze weiter köcheln. Zum Schluss geben Sie die abgetropften Champignons in die Pfanne. Pilze warm werden lassen – und fertig!
(Dazu passen alle Beilagen: Kartoffeln, Reis, Nudeln oder einfach Baguettebrot. Das Gericht lässt sich auch gut einfrieren.)

Natürlich will ich Ihnen hier kein tolles Kochbuch liefern. Um ganz ehrlich zu sein, meine zwei Botschaften sind eigentlich folgende:
Achten Sie ab sofort mehr auf eine gesunde, nährstoffreiche Ernährung. Viele Messies versuchen, mit schneller Kost Zeit einzusparen für andere – vermeintlich wichtigere – Angelegenheiten.
Gönnen Sie sich ein Kochbuch mit gut erklärten, einfachen Rezepten, falls Sie bislang noch keines besitzen. Schildern Sie in der Buchhandlung den genauen Zweck und Ihren Kenntnis-

stand beim Kochen und lassen Sie sich von einer kompetenten Buchhändlerin beraten.

7/3 Eine neue Liebe, ein neues Leben

„Warum soll ich es mir für mich allein denn schön machen? Das lohnt sich doch gar nicht." Ein typischer Satz von Messies, die als Singles allein wohnen.
Oh doch! Und wie sich das lohnt! Da fallen mir mindestens vier gute Gründe ein:

1. Wohnqualität ist auch Lebensqualität! Die Welt da draußen wird immer verrückter, komplizierter, lauter und immer unmenschlicher. Da brauchen Sie unbedingt Ihre kleine Insel, auf die Sie sich zurückziehen können. Damit Sie zur Ruhe kommen. Damit Sie einen Ort zur Regeneration haben. Damit Sie am nächsten Arbeitstag wieder „Ihren Mann stehen" können. Denn schon Schiller erkannte: „Der Mann muss hinaus ins feindliche Leben." (Aus: Das Lied von der Glocke)

2. Sie sind ein Mensch mit Wert und Würde. Sie haben es verdient, dass Sie es zu Hause „nett" und „schön" haben! Wussten Sie es noch nicht: Sie sind einzigartig auf dieser Welt! Da gibt es dieses süße Kinderlied. „Hören" Sie mal:

Vergiss es nie: Dass du lebst, war keine eigene Idee, und dass du atmest, kein Entschluss von dir. Vergiss es nie: Dass du lebst, war eines anderen Idee, und dass du atmest, sein Geschenk an dich.

Vergiss es nie: Niemand denkt und fühlt und handelt so wie du, und niemand lächelt so, wie du's grad tust. Vergiss es nie: Niemand sieht den Himmel ganz genau wie du, und niemand hat je, was du weißt, gewusst.

Vergiss es nie: Dein Gesicht hat niemand sonst auf dieser Welt und solche Augen hast alleine du. Vergiss es nie: Du bist reich, egal, ob mit, ob ohne Geld, denn du kannst leben! Niemand lebt wie du.

Refrain: Du bist gewollt, kein Kind des Zufalls, keine Laune der Natur, ganz egal, ob du dein Lebenslied in Moll singst oder Dur. Du bist ein Gedanke Gottes, ein genialer noch dazu. Du bist du, das ist der Clou, ja der Clou. Ja, du bist du!
(Text: Jürgen Werth)

Die neue Liebe in Ihrem Leben könnten Sie *selbst* sein. Werden Sie Ihr bester Freund. Lernen Sie einen fürsorglichen, liebevollen Umgang mit sich selbst.

3. Es ist nicht gut, wenn Sie ständig allein und isoliert in Ihren vier Wänden hocken. Jeder Mensch braucht einen Freund. Und jeder Mensch braucht Freunde, die er zu sich nach Hause einladen kann. Vielleicht ist die Erinnerung in Ihnen verschüttet, wie nett und lustig das sein kann, in der eigenen Sofaecke mit Freunden zusammenzusitzen; mit ihnen zu plaudern, zu essen und gemeinsam zu lachen.

4. Niemand kann zuverlässig in die Zukunft sehen. Und wer weiß: Vielleicht kommt der Tag, wo Ihnen die Frau Ihrer Träume über den Weg läuft. Und genau die schlägt dann vor, auf eine Tasse Cappuccino mit zu Ihnen zu kommen. Wie gut, wenn Sie bis dahin mit Ihrem Heim auf Reihe sind!
Kennen Sie die eine Werbung: Mann und Frau lassen sich auf den Rücksitz eines Taxis fallen, stürzen sich aufeinander und fangen herzerweichend an zu knutschen. Beim Luft holen vorm nächsten Kuss geht es zwischen den beiden immer hin und her: Sie zu ihm: „Zu dir!" Er zu ihr: „Nein, lieber zu dir!" Sie wieder: „Nein, zu dir!" Sollte jemals der Tag kommen, an dem Sie

mit Ihrer Herzensdame im Fond eines Taxis wild herumknut-
schen, dann sollte Ihre Wohnung darauf vorbereitet sein, eine
Lady in Empfang zu nehmen.

AUF DEM WEG ZUM ZIEL

Kapitel 8

Messie-Männer auf Erfolgskurs

8/1 Uwe und das Raumschiff Enterprise

Ein Erfahrungsbericht

„Chaos! Intergalaktisches Chaos herrschte in meiner Wohnung. Irgendwie war die Wohnung wie ein schwarzes Loch. Alles wurde angezogen, stapelte, türmte und häufte sich. Seltsamerweise verschwanden nur die Sachen, die ich am dringendsten brauchte. Ein alles verrußender Schwelbrand verlieh dem Begriff „Schwarzes Loch" eine völlig neue und ziemlich reale Bedeutung. So lebte ich in meinem Chaos mehr schlecht als recht vor mich hin. Heute bedauere ich sehr, damals keine Fotos gemacht zu haben. Gerne, nur so zur Erinnerung und vor allem zur Abschreckung, würde ich mir noch mal ansehen, wie ich, nun ja, seinerzeit gehaust habe. Eine andere Bezeichnung als „hausen" fällt mir dazu wirklich nicht ein.

Mehr als vier Jahre hatte ich niemandem die Tür geöffnet. Bemühungen von Freunden und Bekannten, mich mal besuchen zu wollen, versuchte ich im Vorfeld abzublocken. Besonders unangenehm war es, wenn trotzdem jemand den Versuch unternahm und bei mir klingelte. Zumindest abends, wenn Licht brannte, konnte ich ja nicht anders, als wenigstens die Haustür zu öffnen. Mit fadenscheinigen Gründen versuchte ich dann zu erklären, warum ich jetzt auf gar keinen Fall Zeit hätte. Im Laufe der Zeit führte dies dazu, dass niemand mehr kam. Auch vermied ich es, in den Abendstunden überhaupt zu Hause zu sein. Natürlich stellte ich mir häufig die Frage, warum ich mir dies alles antue? Insgeheim hatte ich die Befürchtung, irgendwann mal über etwas zu stolpern und mir im betrunkenen Kopf schlimmstenfalls das Genick zu brechen. Die Chancen dafür standen nicht schlecht. Immerhin schaffte ich es, einen sehr schmalen Gang für die wichtigsten Wege, also zum Bad und zum Bett, frei zu halten. Ansonsten war der Boden mit allem möglichen Krams bedeckt oder zugestellt. Gegessen habe ich meistens woanders, hin und wieder aber doch eine Dosensuppe heiß gemacht. Diese habe ich dann direkt aus dem Topf verzehrt. Alles andere war zu umständlich und mir nicht möglich.

Eine richtige Antwort auf meine Frage nach dem „Warum und Wieso" habe ich nie gefunden. Innerlich hatte ich akzeptiert, mit und in dieser unbefriedigenden und belastenden Situation auf Dauer leben zu müssen. Doch es gab eine Wende, zwar noch nicht die entscheidende, aber den Anfang zum richtigen Weg.

Eine gute Freundin (liebe Sonja, dafür werde ich dir noch lange dankbar sein) gab mir den Tipp. Bei der Volkshochschule würde ein Kurs für Messie-Männer stattfinden. So hörte ich überhaupt zum ersten Mal von „Messies" und beschloss die Teilnahme an diesem Kurs. Ich war froh, dort zu erfahren, dass ich nicht der Einzige mit diesem Problem war. Verblüfft und relativ ungläubig verfolgte ich am ersten Abend die Berichte anderer Betroffener. So langsam begriff ich, dass etwas anderes als Faulheit, Schlampigkeit oder fehlender Ordnungssinn hinter meinem Problem stecken musste. Allein die Tatsache einer Namensgebung, die Vielzahl von Betroffenen und das Stattfinden dieses Kurses stimmten mich zuversichtlich, mein Problem in den Griff zu bekommen.

So ging ich einmal in der Woche zum Kursus. Ich hörte mir alles interessiert und aufmerksam an. Immer mit dem Vorsatz, meine Wohn- und Haushaltssituation zu verändern. Allerdings fanden sämtliche Änderungsversuche nur im Kopf statt – tatsächlich veränderte sich nichts. Dies war wiederum sehr komisch. Da bekam ich nun gute Tipps zur Problembewältigung, aber ich fing nicht an, auch nur ansatzweise etwas zu ändern. Und da ich wegen Arbeitsüberlastung den Kurs nicht bis zum Ende besuchen konnte, stand ich mit meinem Problem wieder allein da. Ich glaube, so etwas wird Problemverdrängung genannt. Und in diesem Punkt macht mir niemand so schnell etwas vor. Doch es gab eine Wende – und diesmal die entscheidende.

In meinem Briefkasten lag ein knallroter Zettel. Es war die Besuchsankündigung eines Gerichtsvollziehers. All meine Versu-

che diesen Besuch zu verhindern, waren erfolglos. Der Gerichtsvollzieher bestand darauf, mich unbedingt in meiner Wohnung
besuchen zu müssen. Da stand ich nun da und wartete darauf,
wie der Termin immer näher rückte. Kurz vor dem Termin
begann ich dann aufzuräumen. Doch es war illusorisch anzunehmen, bis zum Termin auch nur annähernd fertig zu werden.
Mir blieb nur die Wahl. Entweder den Gerichtsvollzieher in
meine chaotische Wohnung zu lassen oder darauf zu warten,
dass er in kurzer Zeit die Drohung einer angekündigten gewalt-
samen Öffnung meiner Wohnung wahr machen würde. Da eine
gewaltsame Öffnung alles nur noch schlimmer machen würde,
öffnete ich zum vereinbarten Termin die Tür. Was dann geschah,
war mir absolut peinlich. Dieser Mensch war mehr als unfreund-
lich und arrogant. Unter Verwendung bitterböser Kommentare
erledigte er den Grund seines Daseins und verschwand endlich
wieder. Ob dieser Kommentare war ich erbost, wütend und ver-
ärgert. Ich schwor mir, mich nie wieder einer derartigen Situation auszusetzen. Allerdings gab es dafür nur einen Weg: **Ich
musste aufräumen!**
Doch, bitte schön, nach all den vergeblichen Versuchen und des
Scheiterns: Wie sollte ich dies bewerkstelligen? Und hier kommen nun „Raumschiff Enterprise" und die „Oberste Direktive"
ins Spiel. In der Serie taucht immer wieder die „Oberste Direktive" auf. Sinngemäß lautet sie, niemals den Verlauf der
Geschichte einer fremden Kultur zu verändern. Für mich und
meine Situation hielt ich so etwas wie ein erstes Gesetz oder
Gebot auch für angebracht. Ich verordnete mir daher folgende
„Oberste Direktive": „Bring deine Wohnung in einen Zustand,
der jederzeit Besuch zulässt, ohne bei dir ein Schamgefühl her-
vorzurufen." Diesem Gebot wollte ich mich bis zur Bereinigung
meiner Situation unterwerfen.
So weit, so gut. Was fehlte, war die Umsetzung. Ich erinnerte
mich an den VHS-Kurs und was ich dort erfahren hatte. Unter
anderem war dort die Rede von den drei „W": Wegwerfen –
Weggeben – Woanders. Ich beschloss, mit dem Wegwerfen

anzufangen. Doch da ich in einer Gegend wohne, wo die Nachbarn ein sehr genaues Auge darauf haben, was so im Umfeld passiert, war mir klar, dies nur nächtens tun zu können. Ich brauchte vier Nächte, um Papier, Flaschen und Getränkedosen säcke- und körbeweise zum Container zu bringen. Durch diesen Kraftakt war der Anfang gemacht. Schritt für Schritt ging es weiter. Erst das Badezimmer, dann die Küche, schließlich Schlaf- und Wohnzimmer. Ich räumte auf, schuf Stammplätze, kaufte Farbe, strich Wände, verlegte Teppichboden, saugte, putzte Fenster usw. So kurz, wie es sich hier liest, ist es natürlich nicht abgelaufen. Ich war oft erschöpft und brauchte Pausen. Doch die habe ich mir dann auch gegönnt.

Mir war immer bewusst, dass das Ganze irgendwann fertig sein und ich mein Ziel erreichen würde, egal wie lange es dauert. Ohne dieses Wissen und ohne behutsame Vorgehensweise hätte die Gefahr der Kapitulation bestanden. Es war wirklich wichtig, mich innerlich nicht unter Druck zu setzen. Natürlich gab es kleine Hindernisse und Schwierigkeiten, die mich zwischendurch hinderten und aus der Bahn warfen. Insgesamt hat es über sechs Wochen gedauert, um meine 2-Zimmer-Wohnung in Ordnung zu bringen. Doch letztendlich habe ich es geschafft.

Dass dies gelungen ist, verdanke ich ausschließlich der „Obersten Direktive". Immer, wenn ich erschöpft und lustlos war, bestand die Gefahr, in alte Gewohnheiten zu versinken. Nur – ich konnte die „Oberste Direktive" nicht vergessen. Auch wenn ich mal mehrere Tage nichts getan hatte, die „Oberste Direktive" spukte immer in meinem Kopf herum. So machte ich weiter und habe heute eine Wohnung, die meinen Ansprüchen genügt.

Bald nach der Aufräum- und Renovierungsaktion bemerkte ich Papier, welches sich stapelte, unabgewaschenes Geschirr und umherliegende Kleidungsstücke. Mir wurde bewusst, dass sich ein neues Chaos zu etablieren begann. Und das war so ziemlich das Allerletzte, was ich wollte. Ein neuer Denkprozess setzte ein. Ich änderte die „Oberste Direktive". Heute lautet sie: „Halte die Wohnung in einem Zustand, der jederzeit Besuch zulässt." Tja, was soll ich sagen? Es vergeht kaum ein Tag, an dem ich nicht an die „Oberste Direktive" denke. Das ist zwar irgendwie lästig, aber es funktioniert."

(Uwe)

8/2 Messie-Männer mit Blick nach vorn

Im Rahmen meiner Arbeit mit Messie-Männern habe ich viele unterschiedliche Typen kennen gelernt. Einige von ihnen habe ich gefragt: „Wer oder was hat dir bislang auf deinem Weg aus dem Messie-Chaos geholfen?" Hier einige Originalbeiträge betroffener Männer:

David, 54 Jahre, Frührentner
„Am meisten hat mir motivierende Zuwendung geholfen. In der Form, dass jemand auf mich eingegangen ist, mir gut zugeredet hat, liebevoll. Und auch, dass jemand mit angepackt hat, also mit aufgeräumt hat. Dass wir zusammen aufgeräumt haben ... Dass jemand sich mir wirklich zugewandt hat, nicht nur theoretisch, sondern ganz konkret auf meine Situation eingegangen ist. Das war z.B. meine Therapeutin. Ich habe aufgeräumt. Sie hat daneben gesessen und gefragt, wie es mir dabei geht, und hat mich dabei begleitet ... Ich wurde auch durch manche Telefongespräche motiviert."

Klaus, 35 Jahre, z. Zt. arbeitslos
„Erst mal muss diese Leid-Erfahrung da sein, dass man irgendwann mal den Punkt hat, wo man sagt, so geht es nicht weiter. Den hatte ich eindeutig bei meinem Umzug, wo andere Leute damit konfrontiert wurden. Das war für mich sehr peinlich. – Das war ein Tiefpunkt, tiefer ging es kaum noch. Da reden die Leute ja heute noch drüber! ...
Ich hatte mir auch vorher schon überlegt, dass sich was ändern muss. Nach diesem Tiefpunkt habe ich dann was unternommen.

Da war z. B. das Seminar mit all den Informationen ... Ganz praktisch z. B.: Ich plane für mich Zeiten ein, wo ich wirklich zu Hause bleibe. Ich denke, wenn ich zu Hause bin, dann tue ich auch was. Wenn ich nämlich immer nur rumlaufe, jeden Tag hierhin und dahin und dorthin, dann schaffe ich ja nichts. Andere haben mir schon gesagt, das wäre ja eine Flucht, wenn ich immer nur unterwegs bin ...
Vielleicht ist es auch ein bisschen die neue Wohnung. In der alten Wohnung hätte ich das gar nicht mehr hingekriegt. Das spielt auf jeden Fall eine Rolle."

Roger, 38 Jahre, EDV-Fachmann

„Ich habe mich beschränkt ... Ich kaufe gezielter ein ... Oder: Ich habe z.b. eine Zeitung abbestellt, an der ich immer zu lange gelesen habe. Ich habe dafür eine andere Tageszeitung abonniert, mit der ich schneller durch bin ...
Ich habe Unterstützung durch meine Freundin. Wenn sie da ist, macht sie einen Teil der Hausarbeit ganz gezielt und achtet auch darauf. Das Bett z. B.: An den Tagen, wo sie nicht da ist, mache ich das Bett. Sie fragt auch nach, ob ich das Bett mache ...
Was mir auch geholfen hat, war die erhöhte Aufmerksamkeit: Als ich anfing, auch durch das Seminar, mich mit dem Thema zu befassen, habe ich nichts mehr liegen lassen. Es war auch diese kleine Entscheidung: Ich lasse nichts mehr liegen! ... Was mir noch geholfen hat: die Monate, die ich krankheitsbedingt zu Hause war, wo ich echt viel Zeit hatte und auch nicht weg konnte. Wo ich mein ganzes Arbeitszimmer umgepflügt habe ... Zeit hat mir auch geholfen. Zeit erfindet für mich keiner!"

Henry, 48 Jahre, Versicherungskaufmann

„Was mir geholfen hat? Die Problematik überhaupt zu erkennen! In einer Gruppe von Betroffenen zu sein. Es war gut, mit anderen betroffenen Männern darüber zu sprechen. Weil ich sonst mit Bekannten über so was nicht spreche ... Das Inhaltliche und das Organisatorische, die Vorschläge, die Aufräum-

Methoden, das alles zu hören, hat mir geholfen ... Ohne die Seminargruppe und ohne diese Kontakte, die daraus gefolgt sind, wäre ich einfach nicht weitergekommen. Da bin ich mir heute sicher ... Durch das Seminar hörte ich ja auch von den möglichen Ursachen. Da war u.a. der Hinweis auf das ADD ... Ich habe eine ‚Aufmerksamkeitsschwäche (ADHS)'. Das ist auch inzwischen ganz klar diagnostiziert. Seitdem ich Ritalin nehme, kann ich die Sachen, die ich im Seminar gelernt habe, auch wirklich umsetzen ... Ritalin ist für mich ein wahres Wundermittel, das kann ich nicht anders sagen. Eine Bekannte hat mich ab und zu mal ‚Schlaftablette' genannt. Das hat sie nicht böse gemeint. Ich habe aber auch nichts fertig gekriegt. Immer war ich so schnell ermüdet. Jetzt bin ich fokussiert, aufmerksam, kann die Dinge zu Ende bringen, die ich angefangen habe ..."

Jörg, 62 Jahre, Systemanalytiker
„Die Tatsache, dass ich mir bewusst geworden bin, dass ich zu viel habe. Alles das, was ich nie mehr brauche, wegwerfen muss, damit ich Platz finde für die Dinge, die ich wirklich brauche. Und den Platz hatte ich nicht mehr. Das ist das Wichtigste, was ich gelernt habe.
Gelernt habe ich das aus den Berichten der anderen Leute aus der Selbsthilfegruppe, die mir das vorgemacht haben, dass ich also Dinge wegwerfen muss, die ich nicht mehr benötige. Und nicht aufhebe! Ich habe gerade heute ein Diktiergerät weggeschmissen, weil das nicht mehr zu reparieren ist. Die Erfahrungen, die Tipps der anderen, darüber musste ich selbst nachdenken ...
Da hatte ich z.B. von einer gehört, die hatte sich diese stabilen Bananen-Kartons geholt, die man so gut stapeln kann. Die hat dann alles da reingetan und hatte eine einigermaßen aufgeräumte Wohnung. Und diese Bemerkung von der „einigermaßen aufgeräumten Wohnung" hat mich veranlasst, einen Haufen Umzugskartons zu besorgen, die voll zu laden. Und dann Karton für Karton langsam nach und nach abzuarbeiten."

8/3 Messie-Männer treffen sich

Roger und Dieter haben sich in einem Seminar für Messies kennen gelernt. Bei einem späteren Treffen aller Teilnehmer aus jenem Seminar kommt es dazu, dass die zwei sich zu einem Plauderstündchen verabreden. Die beiden sind Freunde geworden. Sie verbindet nicht nur das Thema Messies, sondern auch die Begeisterung für die Philosophie der alten Griechen, für die Astronomie und – für das Brotbacken. Roger backt leidenschaftlich gern Brot. Einmal hat er Dieter eins zum Probieren mitgebracht. Dieter war so begeistert, dass Roger ihm beibringen musste, wie man Brot selbst backen kann. Seitdem ist auch Dieter zum heimischen Brotbäcker geworden.

Roger und Dieter – ein Beispiel für eine **Freundschaft** unter Messie-Männern.

In anderen Städten gibt es ganz andere Kontakte.

Da schließen sich immer mehr Männer den **Selbsthilfegruppen** (SHG) für Messies an. Einige von ihnen sind ausgesprochen aktiv in der Messie-Selbsthilfearbeit tätig. Ein paar Messie-Männer haben die Leitung einer Messie-SHG übernommen. Andere, die lieber unter ihresgleichen sein wollen, denken über einen „Stammtisch für Messie-Männer" nach. Wieder andere, die Möchtegernweltverbesserer, haben ihre SHG verlassen und gründen eine neue, in der alles besser und alles ganz anders laufen soll.

> Keine seelische Verbindung zu anderen Männern zu haben, kann die schädlichste aller Verletzungen sein.
> *Robert Bley*

Fakt ist: Messie-Männer können sich mit Messie-Männern treffen. Kommen Sie raus aus Ihrer sozialen Isolation und gebieten Sie Ihrer Vereinsamung bewusst Einhalt. Schauen Sie sich um nach Kontakten zu anderen gleichgesinnten Männern und Frauen. Bundesweit gibt es mittlerweile mindestens 80 Selbsthilfegruppen für Messies. Die sind in der Regel offen für Männer und Frauen (s. Anhang).

Nun kann es sein, dass sich die Messies an Ihrem Wohnort bislang noch nicht zusammengetan haben. Vielleicht ist es Ihnen möglich, Kontakt zu der bestehenden Gruppe eines Nachbarortes aufzunehmen. Bitten Sie die anderen um Hilfe bei der Gründung einer Gruppe in Ihrem Wohnort. Oder Sie wenden sich an die Kontaktadressen (s. Anhang), lassen sich Info-Material über eine Messie-SHG zusenden und gründen dann selbst eine Gruppe. Besuchen Sie später bei Gelegenheit andere Messie-Gruppen und **Regionaltreffen** und tauschen Sie Erfahrungen aus.

> Es gibt nur eine Möglichkeit, einen Freund zu haben: Man muss selbst einer sein.
> *R. W. Emerson*
> *Ralph Waldo*

Falls Sie aus gewichtigen Gründen (z. B. dem beruflichen Hintergrund) unbedingt völlig anonym bleiben möchten: Im **Internet** finden Sie eine Messie-Gesprächsgruppe, die ausschließlich über das Internet existiert. Ist das ausreichend anonym für Sie? Selbstverständlich können Sie sich auch bei den telefonischen Ansprechpartnern melden und sich anonym Rat holen (s. Anhang).

In der Messie-Szene gibt es den Begriff **Clutter Buddy** (amer. = Chaoskumpel). Halten Sie Ausschau nach Ihrem persönlichen Clutter Buddy. Am ehesten finden Sie so eine Person in einer Messie-SHG. Der Clutter Buddy hat die Aufgabe, Sie auf Ihrem Weg raus aus dem Chaos zu begleiten, zu unterstützen, zu motivieren.

Kapitel 9

Die Frage nach dem Warum

9/1 Vom Kind im Manne

Marvin sammelt alles Mögliche rund um das Thema „Musik". Er besitzt eine stattliche Sammlung von Schallplatten, Audiokassetten, Videos und Tonbändern in Hülle und Fülle. Highlight für Marvin sind neben den ungeheuer vielen Tonbändern seine 16 Tonbandgeräte. Marvin berichtet, als Kind war er total frustriert darüber, dass sein Bruder ein eigenes Tonbandgerät bekam. Er jedoch durfte keins haben. Ganz gleich, wie oft er bettelte, er bekam es nicht.

Wie müssen wir das deuten? Holt Marvin als Erwachsener nach, was ihm als Kind verwehrt wurde? Kommt das Kind im Manne durch? Hat Marvin einen Sammelzwang entwickelt?

Richard ist depressiv. Je mehr er in seiner Depression versinkt, desto chaotischer wird der Zustand seiner Wohnung. Eines Tages wendet sich das Blatt. Richard lernt andere Messies kennen, mit deren Hilfe er seine Bude auf Vordermann bringt. Richard ist wie verwandelt. Er wird ein fröhlicher Typ, achtet wieder auf sein Äußeres, und er findet neue Freunde.

Wer war zuerst da? Das Huhn oder das Ei? Die Depression und dann das Chaos? Oder umgekehrt? Was ist Symptom, was die Ursache?

Julian war mit der Ordnung schon immer ein bisschen am Kämpfen, hielt sich aber noch über Wasser. Dann war da vor vier Jahren der schlimme Unfall. Ein Busunglück im Urlaub, bei dem es auch Tote gab. Julian konnte zum Glück wieder „zusammengeflickt" werden, trotz Kopfverletzungen und zwei Tagen Koma. Seit dem Unfall hat sich Julians häusliches Chaos dramatisch verschlimmert. Er klammert an jedem Gegenstand, er kann nichts wegwerfen. Außerdem klagt er über häufige Kopfschmerzen und ziemliche Konzentrationsprobleme.

Was ist Julians Messie-Problem: Hat er ein posttraumatisches Belastungssyndrom? Oder wurde sein Gehirn auf Dauer geschädigt?

Viele Fragen und nur wenig Antworten ...
Die Meinungen über die wahrscheinlichen Ursachen der Messie-Problematik gehen weit auseinander. Im Magazin „Focus" stand dazu zu lesen: „Verhaltenstherapie und Anleitungen zum Aufräumen können den Weg aus dem Chaos – ganz allmählich – ebnen, sind sich Psychologen einig. Allein die Ursachen des Messietums sind umstritten." Und die Zeitschrift „Bild der Wissenschaft" sagt kurz und knapp: „Die Ursachen für die häusliche Anarchie sind noch nicht endgültig geklärt."
Seit den Anfängen der deutschen Messie-Arbeit 1996 wird unendlich viel über das Thema Ursachen diskutiert – und auch gestritten ... Es werden Theorien aufgestellt und wieder verworfen. Wählen wir als Streitpunkt beispielhaft das Stichwort „Krankheit". Frage: Ist das Messie-Problem eine Krankheit? Die Weltgesundheitsorganisation (WHO) hat vor vielen Jahren die Definition für Gesundheit wie folgt festgelegt: „Gesundheit ist ein Zustand vollständigen körperlichen, seelischen und sozialen Wohlbefindens und nicht nur das Freisein von Krankheiten." Sehen Sie? Da geht es schon los! Sollen wir uns nach dieser Definition richten? Ja? Nein? Ja? Wer diskutiert da eigentlich mit? Leider sind es noch zu viele Laien und viel zu wenig Fachleute! Die bislang einzige deutschsprachige Veröffentlichung, die nach wissenschaftlichen Kriterien erstellt worden ist, entstammt der Feder der Diplom-Psychologin Dr. Gisela Steins, Dozentin an der Universität Bielefeld („Was verbirgt sich hinter dem Phänomen Messie?").

9/2 Zur Diskussion der Ursachen

Wie ich bereits sagte: Diskutiert wird viel. Der zunehmende Wirrwarr an Erklärungsmodellen für die Messie-Problematik kann letztlich in vier verschiedene Gruppen einsortiert werden, je nach Schwerpunkt unterteilt in:
Physische Störungen, Psychische Störungen und Verhaltensstörungen, Kindheitsbezogene Störungen, Soziale Störungen.

Im Folgenden möchte ich Ihnen einige der zur Zeit diskutierten Erklärungsmodelle im Kurzüberblick (ohne irgendeine Rangfolge oder Bewertung) darstellen.

Bis auf eine Ausnahme gibt es zu keinem der Modelle bislang wissenschaftlich fundierte Feldforschung. Ich sehe mich verpflichtet, sehr deutlich zu betonen, dass einige der Ansätze lediglich durch Beobachtungen und Nachfragen in Selbsthilfegruppen entstanden sind.

Aber, hier geht es für Sie als Leser um die Klärung der Grundsatzfrage: „Will ich nur die **erlernte** Erfahrung von Fachleuten gelten lassen? Oder hat für mich die **erlebte** Erfahrung von betroffenen Laien genauso Gültigkeit?"

Die Ursachensuche geht in die Bereiche:

Physische Störungen

➤ Das Messietum als neurologisches Problem. Es handle sich um eine neurobiologisch bedingte Aufmerksamkeitsstörung, das so genannte ADHS (= Aufmerksamkeits-Defizit-Hyperaktivitäts-Syndrom); hierbei gehe es um eine höchstwahrscheinlich angeborene Störung, die das chemische Gleichgewicht der Botenstoffe im Gehirn (Neurotransmitter) durcheinander bringt (Dipl.-Psych. Cordula Neuhaus).

➤ Das Messiesein im Kontext von körperlichen Handikaps, z. B. körperlich bedingte Antriebsschwäche (gestörter Stoffwechselhaushalt), z. B. Schilddrüsen-Funktionsstörungen, z. B. bei Frauen hormonelle Umstellungen wie bei Geburt/Klimakterium, z. B. endogene Depression (biochemische/hormonelle Faktoren).

➤ Das Messie-Problem als Folge von Verletzungen im Frontalhirnbereich.

Psychische Störungen/Verhaltensstörungen

➤ Das Messiesein als das Vordergrundproblem, zur Vertuschung/Verschleierung/Verdrängung eines tiefer liegenden Problems.

➤ Das Messiechaos als nach außen sichtbares Spiegelbild des innerlichen Chaos (im Sinne von Nicht-geordnet-Haben und Nicht-entrümpelt-Haben des seelischen Gerümpels).

➤ Das Messiesein als Diskrepanz zwischen der Innen- und Außenwelt. Der Messie wäre außerstande, seine Triebhaftigkeit, seine inneren Bedürfnisse in Einklang zu bringen mit den äußeren Notwendigkeiten; bei Messies müsse von der „oralen Gier" gesprochen werden, was meine, Messies hätten ein sehr hohes Anspruchsniveau, sie würden sehr viel für sich bekommen wollen; Messies hätten einen zu hohen Erregungspegel („arousel") und zu wenig Kontrolle darüber, zu wenig an Disziplin, an Bewusstheit, an Zielgerichtetheit; sie würden sich nur an ihrer Triebhaftigkeit, an ihren Wünschen, Bedürfnissen orientieren und würden dann versuchen, einen mehr oder weniger neurotischen Kompromiss zu finden mit dem, was äußerlich notwendig sei; dem Messie würde es kaum gelingen, das eigene Mittelmaß zu finden zwischen sich und der Außenwelt (Dipl.-Psych. W. Gross im WDR-Interview).

➤ Das Messiesein als ein Überforderungsproblem. Messies würden sich generell vom Leben mit seinen mannigfaltigen Anforderungen chronisch überfordert fühlen, zumal sie das Grundmuster der Desorganisation mitbringen. Mit der Zeit würde der Messie durch die permanente Überforderung bzw. Reizüberflutung in einen Teufelskreis hineinrutschen: den Teufelskreis aus Überforderung/Blockierung/Verunsicherung, aus dem er nur mithilfe von außen herausfinden könne (Messie-Selbsthilfe Hannover).

➤ Das Messieproblem als Folge einer reaktiven Depression (psychogene Depression).

➤ Das Messiesein als Konsequenz einer Erschöpfungsdepression („Burnout").

➤ Die Messie-Problematik als Verhaltensstörung, insbesondere durch hinderliche Denkmuster, die verantwortlich sind für Problemverhalten wie z. B. chronisches Aufschieben, z. B. ein übersteigerter Perfektionismus sowie z. B. eine geringe Frustrationstoleranz (G. Steins, „Was verbirgt sich hinter dem Phänomen Messie?").

➤ Das Messietum als Zwangsstörung, vor allem bei dem Problem des Sammelzwangs (B. Ciupka, R. Ruthe).

➤ Die Messie-Problematik im Kontext mit anderen Belastungen, z.b. Schlafstörungen, z.b. Suchtproblemen (Alkoholismus, Spielsucht, Kaufsucht, Arbeitssucht), z.b. einer zeitlich stark belastenden Zwangsstörung (Waschzwang, Kontrollzwang).

➤ Das Messieproblem im Kontext einer posttraumatischen Belastungsstörung (Unfall, Mordanschlag o. Ä.).

➤ Das Messiesein sei nicht allein eine Desorganisationsproblematik; damit verbundene Komorbiditäten gehören zur Ursachenfrage mit dazu, vor allem: Depression, Essstörungen, Angststörungen, stressbezogene Probleme, Alkohol- und Drogenprobleme. Außerdem müssten künftig Aspekte wie z.b. Selbstwertdefizite und der Hang oder Zwang zum Sammeln und Horten noch genauer untersucht werden (in Anlehnung an G. Steins).

Kindheitsbezogene Störungen

➤ Das Messiesein quasi als Überbleibsel eines ungelösten Eltern-Kind-Konflikts, zu erkennen durch die auffällige Trotzhaltung gegen das soziale Umfeld; in diesem Zusammenhang kann auch der Aspekt wichtig werden : das Messietum als Reaktion auf massive Grenzüberschreitungen (von Seiten der Bezugspersonen), bezogen auf die persönlichen Besitztümer des Kindes, wie Wegwerfen/mutwilliges Zerstören von Spielsachen.

➤ Die Messieproblematik als eine der Folgen aus einem kindlichen Belastungstrauma: z.b. bei sexuellem Missbrauch, bei fortgesetzter körperlicher Gewalt/Prügel, bei längerer Trennung von den Eltern, bei dem Aufwachsen in einem dysfunktionellen Elternhaus (Alkoholismus, Drogen, Trennung der Eltern, psychische Erkrankung eines Elternteils o. a.).

➤ Das Messiesein als eine neurotische Übersteigerung der in der Kindheit ausgebildeten „hysterischen Persönlichkeit": der hysterische (histrionische) Persönlichkeitstyp habe Angst vor Einschränkungen und Einengungen; da sei die Ablehnung gegen alles, was seine Freiheit einschränke, also alle Ordnungen und Gesetzmäßigkeiten, die Realität des Alltags mit seinen Pflichten und Forderungen; Menschen mit hysterischer Struktur seien z.b. großzügig im Geldausgeben, würden es mit der Pünktlichkeit nie genau nehmen, sie seien wenig kritikfähig (H. Krusche in: „Entschuldigen Sie die Unordnung").

Soziale Störungen

➤ Das Messietum als Folge von „kritischen Lebensereignissen": z.b. Partnerverlust durch Trennung, Scheidung, Tod; Verlust der Arbeitsstelle/Pensionierung, finanzieller Absturz.

➤ Das heimische Messiechaos als „Partnerschafts-Müll": „Chaos, unerträgliche Unordnung eines Partners in einer Beziehung ist … unbewusstes Mittel, um sich Freiraum zu schaffen. Es bedeutet: Einer von beiden hat wenig Platz, kommt nicht zum Zug. Indem er seine Sachen überall verteilt, verschafft er sich Raum …" (Paartherapeutin Marion Knapp in „Funk Uhr".)

9/3 Zukunftsmusik

„Es gibt viel zu tun! Packen wir`s an, oder lassen wir`s liegen?"
Diese ironisch gemeinte Grundsatzfrage wurde bei den letzten
regionalen Meetings sowie bundesweiten Arbeitstagungen der
Messies laut.

Im Rückblick auf die Messie-Arbeit in Deutschland muss ich
feststellen: Der Bedarf an Hilfsangeboten für Messies ist groß,
die Nachfrage nach Informationen und Unterstützung für die
Betroffenen sowie die Angehörigen deutlich steigend. Noch driften Angebot und Nachfrage auseinander. Damit meine ich: Die
wenigen „aktiven Messies an der Front" sind mittlerweile (fast)
alle überlastet, weil die Arbeit rund um das Messie-Thema ungeheure Ausmaße angenommen hat.

Wenn ich an die Zukunft der Messie-Arbeit denke, gerate ich
manchmal ein wenig ins Träumen. Es ist zwar mein höchst privater Traum, dennoch darf ich behaupten, dass noch andere
aktive Messies, mit denen ich Kontakt pflege, ganz ähnliche
Träume haben. Ich stehe also mit meinen Wünschen und Hoff-
nungen nicht ganz allein da.

Stichwort: Netzwerkarbeit

1. Ich hoffe auf eine gut funktionierende bundesweite, fried-
   liche Netzwerkarbeit nach dem Motto:
   In Grundsatzfragen Einheit und Frieden,
   in Nebenfragen Freiheit und Toleranz,
   über allem aber der Mantel der Sympathie und Akzeptanz.
2. Ich hoffe auf eine größer werdende Anzahl von „aktiven",
   verantwortungsbewussten Frauen und Männern in der Messie-Arbeit.
3. Ich hoffe auf eine bessere bundesweite Zusammenarbeit mit
   Fachleuten aus psychosozialen Tätigkeitsfeldern, die die
   Messie-Bewegung bei der Ergründung der Ursachen kompetent unterstützen.

4. Ich hoffe auf eine bessere bundesweite Zusammenarbeit mit Behörden, Institutionen und Vereinen. In diesem Kontext hoffe ich auch auf einen Ausbau des gesetzlich geregelten Handlungsspielraums von Messies für die Inanspruchnahme von Hilfen.

Stichwort: Rundum-Versorgung eines Messies

Auf den letztgenannten Punkt möchte ich mithilfe eines Fallbeispiels noch näher eingehen. Dabei habe ich ganz bewusst einen extremen Fall gewählt, bei dem verschiedene Aspekte eine Rolle spielen. Es ist ungefähr so, als wenn ein Stein ins Wasser geworfen wird, der immer größere Kreise entstehen lässt. Warum setze ich mich damit überhaupt auseinander? Weil ich vermute, dass in den nächsten Jahren noch viel mehr Menschen mit der Veranlagung zur Desorganisation (bis auf weiteres Messies genannt) auffällig werden. Sie werden so auffällig, dass institutionalisierte Unterstützung angeboten und bezahlt werden muss.

Der Fall: Ein Messie-Mann, psychisch stark belastet, Ende 30, seit zwei Jahren verwitwet, arbeitslos, der mit zwei noch nicht schulpflichtigen Kindern im Haushalt lebt. Dem Jugendamt liegt ein anonymer Hinweis vor, dass seine Kinder in Chaos und Dreck aufwachsen müssten und nicht gut versorgt sein würden.

> Keinen verderben zu lassen, auch nicht sich selber, jeden mit Glück zu erfüllen, auch sich, das ist gut.
> *Bertolt Brecht*

Dieser Messie-Mann wünscht sich sehnlichst, (a) seine Kinder behalten zu können, (b) wieder einer Arbeit nachgehen zu können und (c) sein Wohnungschaos in den Griff zu bekommen. Dieser Mann braucht mehrere Personen (teilweise zeitgleich, teilweise zeitversetzt), die ihm zur Seite stehen:

Unterstützung durch Personen von Behörden/Institutionen:

Sozialamt, Jugendamt, Arbeitsamt, Sozialpsychiatrischer Dienst, Betreuer, Schuldnerberatung, Rechtsanwalt.

Unterstützung durch Fachkräfte:
Arzt, Coach (Sozialarbeiter, Soziotherapeut), Psychotherapeut, Selbsthilfegruppe, Schulungen/Seminare (Zeit- und Haushaltsmanagement).

Unterstützung im Alltagsablauf:
Haushaltshilfe, Putzfrau, Babysitter, Fahrer, Entrümpelungsfirma, Handwerker (Renovierung, Möbelaufbau), Aufräumpartner (z.B. Mitglied aus der Selbsthilfegruppe).

Das HERA-Team in Stuttgart beispielsweise hat diese „Rundum-Versorgung von Messies" in einer schwierigen Lebenslage als Notwendigkeit erkannt und ein Angebotspaket für Messies entwickelt. Hoffentlich werden nach und nach auch in anderen Städten solche hilfreichen Initiativen gegründet.

Nach diesem kleinen Ausblick in die Zukunft der Messie-Arbeit hierzulande ist für Sie hoffentlich eins deutlich geworden: „Es gibt viel zu tun. Packen wir's an!"

Kapitel 10

Messie-Männer: überall und nirgends

10/1 Messie-Männer gab's schon immer

Einer der Messies aus meinem näheren Umfeld berichtete mir
begeistert von einem Buch mit dem Titel „Oikonomikos". Dies
soll nach seiner Auskunft das älteste noch erhaltene Werk zum
Thema „Hauswirtschaftslehre" sein (ca. 2400 v. Chr. geschrieben). Der Grieche Xenophon, ein Schüler des Gelehrten Sokrates, philosophiert darin über gute und schlechte Haushaltsführung. Neugierig geworden, habe ich in der Bücherei gewühlt
und bin zu meiner großen Freude auch fündig geworden.
In der Einführung wird darauf hingewiesen, dass die Gedanken
über das Wesen der Hauswirtschaft nicht dem Kopf von Sokrates entsprungen sind, sondern mit Sicherheit Xenophon selbst
zuzuschreiben sind. Xenophon tat aber so, als wenn Sokrates
sich mit einem gewissen Kritobulos über Hauswirtschaftslehre
unterhalten hätte ... Interessant für unseren Kontext sind jedenfalls die Passagen, in denen es um Hauseigentümer geht, die
offensichtlich ihre Sache gar nicht gut im Griff hatten:
„Wer es nämlich planlos betrieb, an dem rächte es sich, wer sich
aber mit angespanntem Verstand mühte, der arbeitete nach meiner Beobachtung schneller, leichter und gewinnbringender ...
Was ist sonst daran schuld, als dass die einen jedes Gerät hin-
werfen, wie es gerade kommt? Bei den anderen liegt alles an der
bestimmten, zugewiesenen Stelle. Ja, weiß Gott, stimmte Sokrates zu, und jedes liegt nicht an einem zufälligen Ort, sondern hat
dort seinen Platz, wo es hingehört ... Die Unordnung aber
scheint mir etwas Ähnliches zu sein, als wenn ein Bauer gleichzeitig Gerste, Weizen und Bohnen säen wollte. Und wenn er
dann Gerstenbrot, Weizenbrot oder Kuchen brauchte, dann
müsste er erst auslesen, anstatt das Wohlgeordnete in Gebrauch
zu nehmen ..."
Es ist so amüsant, da liest man etwas, was über 4000 Jahre her
ist, aber im Grunde geht es hier höchst aktuell um Messie-Männer, die planlos sind, keinen Überblick haben. Und im Gegenzug geht es um Cleanie-Männer, die um die Wichtigkeit von

planvoller Arbeit wissen und um das Festlegen von Stammplätzen. Falls Sie jetzt auf den Geschmack gekommen sind, viel Glück bei der Suche in der Bücherei.

Bei meinen Recherchen zu diesem Kapitel bin ich auf weitere bekannte Namen gestoßen. Leider konnte ich aus Zeitgründen nicht alle Spuren verfolgen, aber ein paar Einblicke in die Vergangenheit möchte ich Ihnen nicht vorenthalten ...

Prominente Messies?
Da ist zum Beispiel **Rembrandt** (1606 – 1669). Der wird von Nils Minkmar bei dessen Buchkritik in „Die Zeit" zu der Biographie „Rembrandts Augen" als Messie entlarvt: „Rubens war cool. Rembrandt war uncool. Rembrandt wollte aber wie Rubens sein, und je mehr er das versuchte, desto gründlicher misslang es. Er war ein Messie, der sein Haus mit lauter Kram voll stopfte, ein Zwangsgestörter, der nicht mit Geld umgehen konnte und sich immer weiter verschuldete, insbesondere beim Versuch, ein so schönes Haus wie Rubens zu kaufen und zu unterhalten ...‟
Gehen wir ein Jahrhundert weiter. Da lebte der chaotische Ludwig van **Beethoven** (1770 – 1827), der eines Tages von Baron Trémont besucht wurde, und der fand folgenden Zustand vor: „Stellen Sie sich das Unsauberste und Unordentlichste vor: Wasserlachen bedeckten den Boden; ein ziemlich alter Flügel, auf dem der Staub mit Blättern voll geschriebener oder gedruckter Noten um den Platz stritt. Darunter – ich übertreibe nichts – ein noch nicht geleertes diskretes Gefäß. ... Die Stühle hatten alle Strohsitze und waren mit Kleidungsstücken und Tellern voller Reste vom Abendessen des vorhergehenden Tages bedeckt ...‟
Dennoch Beethovens andere Seite: „Beethovens mangelnde Sorgfalt in seinen Lebensgewohnheiten, die sich in den Schwierigkeiten mit seinen Wohnungen und in den Problemen seiner Haushaltsführung äußerte, aber auch in den Sorgen, die ihm die Regelung seiner finanziellen Angelegenheiten bereitete und in

seiner Nachlässigkeit, was das äußere Erscheinungsbild anbetraf, wirkte sich jedoch nicht auf seine Arbeitsweise aus. Obwohl er umgeben von einem wahren Chaos komponierte und eine Reihe von groben und offensichtlich unleserlichen Skizzen anfertigte, war er aber nur in äußeren Dingen schlampig und bewahrte sich stets eine disziplinierte Arbeitsmoral ..." (Barry Cooper in seinem Beethoven-Kompendium.)

Beim nächsten Zeitsprung landen wir bei Albert **Einstein** (1879 – 1955). Einstein hatte nicht nur einen ziemlichen Wirrwarr *auf* seinem Kopf, wenn man so an seine Haarpracht denkt. Es gab wohl in bestimmten Bereichen auch einen gewissen Wirrwarr *in* seinem Kopf. Im Mai 1917 beispielsweise erhielt Einstein in seiner Berliner Wohnung Besuch von Rudolf Humm, einem Schweizer Studenten. Der sah und erlebte Folgendes: „Er war in Strümpfen und zog dann während des Sprechens Sandalen an. Er las zuerst einen Brief zu Ende und rief Professor Berliner an ... Dann bat ich ihn um drei seiner Arbeiten. Die eine suchte er lange, wunderte sich, wo sie sei, klagte über seine Unordnung und Vergesslichkeit und fand sie nicht. Wir gingen von Zimmer zu Zimmer und standen ratlos vor den Gestellen ..." (A. Hermann, Einstein.)

Eine andere Biographie deutet über die Zeiten mit Einsteins erster Frau Mileva an: „Es war sicher nicht leicht für Mileva, an Einsteins Seite zu leben, denn er war ein Erzschlamper ..." (J. Wickert, Einstein.)

10/2 Messie-Männer und die Medien

Bei meinen fast aussichtslosen Versuchen, prominente Messie-Männer der Gegenwart zu finden, ist mir einmal mehr aufgefallen, mit wie viel Scham das Thema „Messies" noch behaftet ist: Es war, ist und bleibt bis auf weiteres eines der letzten Tabuthemen unserer Zeit! Es ist um ein Vielfaches leichter, zehn unbekannte Gesichter vor die Kamera zu kriegen als nur einen bekannten Messie! Mit prominenten Namen ist man bei meinen Nachfragen sehr vorsichtig umgegangen. Da fiel hinter vorgehaltener Hand der Name des Sängers einer bekannten deutschen Rockband. Da war von bekannten Vertretern der Comedy-Szene die Rede, sowohl ein bekannter Bayer als auch ein prominenter Ostfriese sollen dabei sein. Und der langsame Ostwestfale Rüdiger Hoffmann hat sich in der Talkshow von Reinhold Beckmann im Oktober 2000 indirekt selbst geoutet.

Ach ja, da ist noch Michael Leicher, der „Kitsch-Millionär" aus Bochum. Offensichtlich einer vom Typ „Sammel-Messie". Seine 18 Nobelkarossen finde ich schon heftig, ebenso seine 30 Pailletten-Anzüge, aber richtig spannend sind seine 600 Orgeln sowie seine 30.000 Videokassetten. Der soll sein Haus außerdem von oben bis unten so mit Kitsch und Nippes vollgestopft haben, dass für ein Kamerateam kaum ein Durchkommen möglich war.

Sehr erstaunt hat mich allerdings ein Artikel über den international anerkannten Star unter den Zeitmanagement-Beratern, nämlich Lothar Seiwert. In „Bild der Wissenschaft special *Mehr Zeit!*" ist zu lesen: „Ein Blick in Lothar J. Seiwerts Arbeitszimmer ist eine schockierende Offenbarung ... Dieses Büro ist, gelinde gesagt, der Albtraum aller Putzfrauen. Jeder Quadratzentimeter zugemüllt mit Aktenbergen, Zeitschriften und Büchern. Gäbe es keine Tür, würden die Papiermassen unkontrolliert in andere Räume wuchern wie schnell wachsendes Unkraut ..." Wer hätte das gedacht, Herr Seiwert – ein Büro-Messie! Seiwert hat übrigens den Grund für sein Chaos im Interview gleich mitgeliefert: „Mit der rechten Hirnhälfte denkende, visuelle Menschen wie ich praktizieren eben einen unkonventionelleren Arbeits- und Ordnungsstil." Was bei seinem Arbeitsstil herauskommt, ist jedenfalls meiner Ansicht nach „allererste Sahne".

Manch einer ist der Auffassung, das Messietum sei „die Krankheit der Kreativen, der Denker, der Künstler, der Genialen". Wenn das die Wahrheit ist, dann muss es ja in der Welt des Fern-

sehens, des Theaters, der Kunst, Musik und Literatur nur so
wimmeln vor lauter Messies!
Wenn *Sie* ein prominenter Messie sind, appelliere ich an Sie:
Kommen Sie hinter dem Vorhang hervor! Treten Sie auf die
Bühne ins Rampenlicht und bekennen Sie öffentlich: „Ja, ich
bin ein MESSIE. Aber Messiesein ist nichts, was man verteufeln
muss. Das ... und das ... hat mir auf meinem Weg raus aus dem
Chaos geholfen. Wenn ich das geschafft habe, schaffen Sie das
auch!"
Helfen Sie als Prominenter mit, das Messie-Thema aus der
Tabuzone herauszuholen und es salonfähig zu machen. Mit
Ihrem Vorbild könnten Sie vielen Betroffenen Mut machen, den
Schritt nach vorn zu wagen, sich offenherzig und öffentlich
Hilfe zu holen. Helfen Sie Messies, mit dem Problem gelassener
umzugehen und aus der Isolation herauszufinden. Unterstützen
Sie die deutsche Messie-Bewegung mit den Möglichkeiten, die
Ihre Position Ihnen bietet. Genau da, wo Sie arbeiten: Machen
Sie die Messies zum Thema!

10/3 Vorhang zu

Einer meiner Lieblingsfilme ist die Westernkomödie „City
Slickers". Bei dem Film habe ich Tränen gelacht! Drei von der
Midlife-Krise gebeutelte Bürohengste aus New York buchen
einen Abenteuerurlaub zum Viehtrieb nach New Mexico. Ange-
führt wird der Viehtrieb von dem alten Cowboy Curly. Unter-
wegs kommt Asphaltcowboy Mitch mit Curly über den Sinn des
Lebens ins Gespräch. Rauhbein Curly hebt beschwörend den
Zeigefinger und meint geheimnisvoll: „Das Wichtigste im Leben
ist ..." Mitch, der Sesselpuper, wartet ganz gespannt. „Ja ...?"
Keine Antwort! Bevor Mitch eine Antwort erhalten kann, stirbt
der alte Cowboy. Erst in der Fortsetzung der Komödie, City
Slickers II, findet er die Antwort zu seiner brennenden Frage ...
– Schnitt! –

Gleich geht der Vorhang zu. (= Gleich werden Sie das Buch zuklappen.) Und da fragen *Sie* mich noch schnell, was als Nächstes für *Sie* dran ist? Sie fragen mich, was das Wichtigste für *Sie* ist? Sorry, Cowboy, das müssen Sie für sich selbst herausfinden! Denken Sie an Kapitel 8 zurück, da hat jeder der von mir zitierten Messie-Männer etwas ganz anderes als „das Wichtigste für sich" entdeckt.

Ich kann Ihnen höchstens die ungefähre Richtung beschreiben. Ein Messie kommt auf seiner Wanderung an drei Meilensteinen vorbei: Auf dem ersten steht geschrieben **Selbstannahme**, auf dem zweiten steht **Selbstanalyse** und auf dem dritten Meilenstein ist zu lesen **Selbstmodifikation** …

SELBSTANNAHME

Lernen Sie, sich mit sämtlichen Facetten Ihrer Persönlichkeit anzunehmen. Finden Sie ein uneingeschränktes JA zu sich selbst. Bemühen Sie sich, künftig humorvoll, geduldig und barmherzig mit sich umzugehen.

Fällt man, dann steht man eben wieder auf. Hat man etwas versäumt, dann holt man das eben nach. Die Geduld mit sich selber, die nicht nur dem Nächsten, sondern auch uns selber geschuldet ist, ist auch eine christliche Tugend. Man muss auch mit sich barmherzig sein, wie man es anderen und ihren Schwächen schuldig ist.

(Karl Rahner)

Können Sie sich erst einmal mit einer positiven, wohlwollenden und fürsorglichen Grundeinstellung gegenübertreten, dann sind Sie auch in der Lage, eine Analyse des Gesamtproblems zu wagen.

Wer einmal sich selbst gefunden hat, der kann nichts mehr auf der Welt verlieren.

(Stefan Zweig)

SELBSTANALYSE

Lernen Sie, die messietypischen Denkweisen, Gewohnheiten und Handlungen zu verstehen und zu hinterfragen. Entwickeln Sie eine realistische, erwachsene Haltung sich selbst gegenüber. Finden Sie den Mittelweg zwischen einer Bagatellisierung des Messieproblems und einer übersteigerten Dramatisierung des Problems. Üben Sie sozusagen eine gewisse sachliche Distanz zu dem Problem ein. Gucken Sie ehrlich und selbstkritisch hin, welche Denkmuster Sie auf dem Weg bislang behindert haben. Lernen Sie alles, was Sie brauchen, um eine Veränderung in Ihrer Gefühlswelt, in Ihrer Gedankenwelt und in Ihrem Wohnumfeld in Gang bringen zu können. Aber machen Sie aus dieser Lernarbeit kein Universitätsstudium von 10 Semestern! Seien Sie bereit, möglichst bald die dritte Meile zu gehen! Bei der Theorie stehen zu bleiben, kann schließlich nicht im Sinne des Erfinders sein.

Die unbequemste Art der Fortbewegung ist das In-sich-Gehen.

(Karl Rahner)

Der Schritt von der Theorie zur Praxis

Exkurs

Passen Sie gut auf, dass Sie nicht in die Falle geraten, die nach meiner Beobachtung **eine der größten Messie-Fallen** darstellt: Da gibt es Messies, die sind begeistert von all den neuen Erkenntnissen und ausgeklügelten Aufräum-Methoden, voller Enthusiasmus krempeln sie schon mal die Ärmel hoch. Was passiert dann? Sie brauchen noch mehr Informationen, sie brauchen noch bessere Aufräum-Methoden, sie brauchen erst noch mehr Vorträge und erst noch mehr Gruppensitzungen. Sie brauchen noch mehr Motivation und Tipps und Lesearbeit in tollen Büchern, bevor sie loslegen. (Es gibt Messies, die haben fünf Messie-Bücher gelesen und noch nicht einen einzigen Karton von ihrem Zeugs aus dem Haus geschafft!) Und außerdem müssen sie sich erst noch alles aus dem Internet holen, was da so Spannendes über Messies und Organisation zu finden ist. Mit anderen Worten, es gibt Messies, die wollen sich **erst noch perfekt informieren** und erreichen damit nur eines: Sie fangen nicht an! Sie haben ein intensives Studium zum Messieproblem hinter sich, sie könnten aus dem Stand brillante Vorträge halten, sie sind womöglich begehrte Aktivisten in der Selbsthilfearbeit. Aber: Sie fangen nicht an! Sie räumen nicht auf! Sie machen sich selbst was vor! Sie geben sich der Illusion hin, dass die theoretische Bearbeitung des Messieproblems alles Weitere nach sich zieht. Was da abläuft, ist nichts anderes als **Aufschieberitis**! Nur auf einer anderen Ebene.

(Das läuft ungefähr so, als wenn einer mit seinen 10 Kilo Übergewicht und einer Chipstüte in der Hand begeistert vorm Fernseher hockt und sich eine Gymnastiksendung reinzieht. Davon wird er nicht ein Gramm abnehmen, er kann sich aber der Illusion hingeben, das wäre bereits das erste Kilo weniger.)

Ich hoffe sehr, **Sie tun sich das nicht an**! Ich hoffe sehr, Ihnen gelingt der Schritt von der Theorie hinüber zur Praxis! Jeder Weg beginnt mit dem <u>ersten</u> Schritt ... Verfallen Sie bitte nicht dem Wunsch, sich erst noch <u>lückenlos</u> informieren zu wollen! Sicherlich macht es hier und da Sinn, sich über dieses Buch hinaus weiter zu informieren. Treffen Sie dabei eine Auswahl! Benutzen Sie die Phase der „Selbstanalyse" nicht als Ausrede, um das Entrümpeln bzw. Aufräumen noch länger hinauszögern zu können.

Exkurs Ende

SELBSTMODIFIKATION

Lernen Sie, Selbstverantwortung zu übernehmen. Finden Sie den Mittelweg zwischen dem „Irrglauben an Heinzelmännchen" und dem „Irrglauben an ein Von-außen-Kommen" des Problems. Es kann schon sein, dass es Helfer gibt. Und es kann schon was Wahres dran sein, dass an Ihrer Messie-Misere andere Personen und äußere Umstände mitgewirkt haben. Aber jeder ist letztlich „seines Glückes Schmied". Werden Sie erwachsen. Geben Sie dem Kind in sich nicht mehr ständig nach. Umarmen Sie Ihr „inneres Kind", lieben Sie es, aber erziehen Sie es auch! Packen Sie den Stier bei den Hörnern. Warten Sie nicht länger auf den perfekten Tag, um den ersten Schritt *wirklich* zu tun! Werfen Sie den Krempel weg, geben Sie den Krempel weg, räumen Sie den Krempel auf! Egal, ob Sie dabei gerade gute oder schlechte Laune haben. Ziehen Sie den Job durch! Sie brauchen das nicht perfekt zu tun. Es reicht völlig aus, wenn Sie die Arbeit hinreichend gut erledigen. Langsam, aber sicher können Sie Ihrem Ziel immer näher kommen. Die Hauptsache ist, bleiben Sie **beständig** dran. Werden Sie mit Ihrer Wohnung und mit Ihrem Leben „clean" – ganz konsequent.

> Entweder konsequent oder inkonsequent. Aber das ewige Hin und Her muss aufhören!

Schlusswort

Sie. Ja, Sie! Genau *Sie* meine ich! ...
Da stehen Sie nun ... auf der Bühne Ihres Lebens ... Das Licht im Saal ist aus. Ein einziges Spotlight ist noch an und erhellt Ihr Gesicht. Ich sitze in der ersten Reihe und sehe Sie vor mir. Unschlüssig treten Sie von einem Fuß auf den anderen. In wenigen Minuten sind Sie hinter dem Vorhang verschwunden ...
Ich frage mich im Stillen, wie es wohl mit Ihnen weitergehen mag ... Werden Sie die Ärmel hochkrempeln und Ihre Chance ergreifen? Wer weiß, ob wir uns jemals wieder begegnen ... Wie gern würde ich Ihnen noch so vieles mit auf den Weg geben ... Doch leider ... jede Vorstellung geht irgendwann zu Ende. Man muss sich losreißen können, Abschied nehmen ...
Hier, bitte! Nehmen Sie meinen Abschiedsbrief an sich.

Du,
nicht irgendeine unfassbare Kraft,
entscheidest über dein Schicksal.
Du bestimmst viel von dem, was dir geschieht
und du hast die Wahl, wie du etwas sehen willst.
Du trägst die Verantwortung für dein Glück
und es hilft dir nicht weiter,
andere für dein Unglück zu beschuldigen.

Der unbewusste Mensch wird gelebt,
der wache entscheidet selbst
und lässt sich nicht von dem Druck
der Umstände bestimmen.
Der Mensch, der entscheidet,
wird durch seine Grenzen nicht leblos.
Er ist auch in Grenzen nicht gefangen.
Er findet Möglichkeiten,
sein Leben schöpferisch zu gestalten.
(Ulrich Schaffer)

Auf Ihrem ganz persönlichen Weg – heraus aus dem äußeren und inneren Chaos – wünsche ich Ihnen alles Gute.

Leben Sie wohl.
God bless you!
Ihre

Danksagung

An erster Stelle danke ich meiner Familie: Mein allergrößter Dank gilt meinem Ehemann, der es irgendwie geschafft hat, wochenlang mit unendlich viel Geduld und Ruhe dieses „chaotische Nervenbündel" an seiner Seite auszuhalten. Gleich danach habe ich meiner süßen Tochter zu danken, deren Mama über Wochen wahrhaftig nur schwer zu ertragen war. Von ganzem Herzen danke ich euch beiden, dass ihr diese anstrengenden Wochen mit durchgestanden habt!

Eine besondere Umarmung geht an meine Mutter: Danke, Mama, für deine gelegentliche „Telefonseelsorge"! Na ja, du weißt ja aus eigener Erfahrung zur Genüge, welche emotionale wie nervliche Achterbahnfahrt so eine Buchschreiberei bedeutet ...

Ein ganz dickes Dankeschön geht an Uwe Siedentopf, der mir als „mein persönlicher Lektor vor Ort" zur Verfügung gestanden hat und überhaupt an dem Buch wertvolle Mitarbeit geleistet hat. Vielen Dank, Uwe, vor allem für deine beruhigenden und ermutigenden Worte immer dann, wenn ich das Projekt mal wieder hinschmeißen wollte! Du warst für mich ein verlässlicher Partner in schwierigen Zeiten.

Ebenfalls zu danken habe ich den Teilnehmern meines ersten Seminars speziell für Messie-Männer. Danke, dass ihr mir den Einstieg so leicht gemacht habt! Vielen Dank auch an meine Interview-Partner. Besonders hervorheben möchte ich dabei Edith Stork: Danke für die Zeit und Geduld, die Sie geopfert haben. Danke, liebe Anne, für deinen kritischen Blick als Diplom-Psychologin auf das Kapitel mit den Ursachen. Und last but not least habe ich noch all den Menschen zu danken, die mit guten, wichtigen Impulsen zu dem Buch beigetragen haben. Sie alle einzeln namentlich zu nennen wäre jetzt zu viel des Guten.

ADRESSEN
(Stand: Mai 2001)

**Anonyme Messies Deutschland
e.V. – Büro Berlin (AM)**
c/o Hans-Joachim Kalthaus,
Putbusser Str. 43, 13355 Berlin
Fon 030 – 46 49 94 09
Fax 030 – 46 49 94 19
www.anonyme-messies.de

Nationale Kontakt- und Informationsstelle zur Anregung und Unterstützung von Selbsthilfegruppen (NAKOS)
Albrecht-Achilles-Str. 65,
10709 Berlin
Fon 030-89 14 0 19
Fax 030-89 34 0 14
www.nakos.de

Deutsche Gesellschaft Zwangserkrankungen e.V. (DGZ)
Postfach 1545, 49005 Osnabrück
Fon 05 41 – 3 57 44 33
Fax: 05 41 – 3 57 44 35
www.zwaenge.de

Bundesverband Aufmerksamkeitsstörung/Hyperaktivität e.V.
Postfach 60, 91291 Forchheim
Fon/Fax 0 91 91 – 3 48 74
www.osn.de/user/hunter/badd.htm

Edith Stork - Beratung für Büro-Organisation
Am Kunzengarten 15 – 17,
65936 Frankfurt
Fon 069 – 34 35 25
Fax 069 – 34 51 08

Zeitmanagement – Seminare „Aufbruch zur Gelassenheit"
über: tempus-Seminare
Postfach 1420, 89529 Giengen
Fon 0 73 22 – 95 02 43
Fax 0 73 22 – 95 02 17
www.tempus.de

Rund ums Wohnen – Beratung, Logistik, Service
Dipl.-Ing. Andrea Balzer
Martinshöhe 12, 53520 Schuld/Ahr
Fon 0 26 95 – 93 03 90
Fax 0 26 95 – 93 03 91
www.messies.de

Psychotherapie-Informations-Dienst
Heilsbachstr. 22, 53123 Bonn
Fon 02 28 – 74 66 99
www.psychotherapiesuche.de

INTERNET-ADRESSEN

Diese Seiten sind eine Empfehlung, die angesichts der raschen Veränderungen im weltweiten Netz natürlich nicht vollständig sein können, außerdem können Autorin und Verlag keinerlei Haftung für die Inhalte hinter den einzelnen Sides übernehmen.

Thema: Messies

www.anonyme-messies.de

www.messies-selbsthilfe.de

www.links.parsimony.net/links6392

www.yahoo.de
(Suchwort „Messies" eingeben)

www.mieterverein-
muenchen.de/messiehtm

Thema: ADHS (ADD/ADS)

www.hypies.de

www.mcd.de

www.hyperaktiv.de

Thema: Zwang

www.zwaenge.de

www.zwang-forum.uni-
osnabrueck.de

Thema: Haushalt/Organisation/ Selbstmanagement

www.erfolgreichhandeln.de

www.checklisten.com

www.haushaltschaos.de

www.praxilogie.de

www.simplify.de

www.methode.de

www.putzatelier.de

Thema: Junggesellen

www.maennerseiten.de

www.junggesellenclub.de

LITERATUR-EMPFEHLUNGEN
(Stand: Mai 2001)

Thema:
MESSIES/ORDNUNG MACHEN

Sandra Felton/Anita Jüntschke
Endlich weg mit dem Ballast
Brendow Verlag, Moers
(Entrümpeln und Aufräumen; für
Lesemuffel auf kurzen 64 Seiten)

Stephanie Winston
Schluss mit dem Chaos
Knaur Verlag, München (400 S.)
(m. E. eines der besten Bücher zum
Thema, erklärt alles detailliert und
einfach)

Thema:
HAUSHALT/PUTZEN/KOCHEN

Arbeitsgemeinschaft Hauswirtschaft
e.V. (Hrsg.)
Haushaltsalltag leicht serviert
AgH, Poppelsdorfer Allee 15, 53115
Bonn (100 S.)
(Schwerpunkte: Finanzen, Haus-
haltsplanung, Umwelt, Lebensmittel)

Colgate-Palmolive (Hrsg.)
**Dan Klorix – 117 Tipps für
Wäsche, Haushalt und Hygiene**
über: Colgate-Palmolive, Liebigstr.
2-20, 22113 Hamburg (64 S.)
(nur ein einziges Putzmittel, doch
damit kann man dies, das und jenes
putzen)

Sandra Felton/Susanne Herms
**Der Haushaltsplaner für Messies
(Das Flipperkarten-System)**
Brendow Verlag, Moers
(die Planungshilfe speziell für Mes-
sies mit ausführlichem Begleitheft)

Kerzenwachs & Fliegengitter
Neuer Pawlak Verlag, Köln (340 S.)
(Mehr als 900 erstaunliche und
nützliche Tipps für Haushalt,
Küche, Garten und Garage)

Michaela Langer
Männerwirtschaft
Hölker Verlag, Münster (135 S.)
(das Kochbuch für hungrige Männer, von ganz leicht bis aufwendig zu
kochen)

Verbraucher-Zentrale Nordrhein-
Westfalen e.V.
Zeitmanagement im Haushalt
Verbraucher-Zentrale Nordrhein-
Westf., Adersstr. 78, 40215 Düssel-
dorf (80 S.)
(optisch gut strukturiert; tolle
Checklisten; ideal für den Mehr-Per-
sonen-Haushalt)

Thema:
PAPIER-MANAGEMENT

Edith Stork
Logistik im Büro
Beltz Verlag, Weinheim (120 S.)
(für jeden, der sein Büro endlich
einmal optimal organisieren möchte)

Thema:
ZEIT-MANAGEMENT

Jörg Knoblauch
22 Zeitspartips
R. Brockhaus Verlag, Haan (64 S.)
(das Beste zum Zeitmanagement in
aller Kürze; tolle Impulse mit einer
Prise Humor)

Lothar J. Seiwert
Das 1 x 1 des Zeitmanagement
mvg, Landsberg am Lech (110 S.)
(kurz und knackig: die goldenen
Regeln des Zeitmanagements, wenig
Leseaufwand, großer Nutzen)

Lothar J. Seiwert
Wenn Du es eilig hast, gehe langsam
Campus Verlag, Frankfurt/M.
(230 S.)
(das neue Zeitmanagement in einer
beschleunigten Welt: Zeit zum
Leben haben)

Simplify Your Life (SYL)
über: VNR Verlag für die Deutsche
Wirtschaft
Theodor-Heuss-Str. 2 – 4,
53177 Bonn
(12-seitiger, monatlicher Beratungs-
dienst zu den Themen Zeitplanung,
Kommunikation, Privatleben,
Gedächtnistraining, Arbeitsorganisa-
tion, Karriere; teuer, aber m. E. sehr
gut)

Stephanie Winston
Leben ohne Chaos
mvg, Landsberg am Lech (208 S.)
(ohne Perfektionismus und Hektik
die Zeit bzw. das Leben planen; Einstellungen dazu überdenken)

Thema:
SELBST-/LEBENS-MANAGEMENT

Stichwort: Aufschieberitis

Frank J. Bruno
Nichts mehr aufschieben
Knaur Verlag, München (160 S.)
(ein Anti-Aufschub-Programm in
9 Schritten als preiswertes Taschen-
buch)

Neil Fiore
Wenn nicht jetzt, wann dann?
mvg, Landsberg (213 S.)
(Selbstverantwortung übernehmen,
das Aufschieben überwinden)

Hans Werner Rückert
Schluss mit dem ewigen Aufschieben
Campus Verlag, Frankfurt/M.
(280 S.)
(ein umfassender Ratgeber zur Aufschieberitis)

Stichwort: **Selbstmanagement/**
Verhaltensänderung

Helmut Krusche
Entschuldigen Sie die Unordnung
mvg, Landsberg am Lech (210 S.)
(Wohnung, Kinder, Partnerschaft,
Sex, Gesundheit, Geld, Zeit, Arbeit –
Ordnung in allen Lebensbereichen?!?
Ungewöhnliche, aber interessante
Gedanken)

Annemarie Laskowski
Was den Menschen antreibt
Campus Verlag, Frankfurt/M. (195 S.)
(umfassende Informationen zur Ent-
stehung und Verbesserung des persönlichen Selbstbildes bzw. der
Selbstbewertung zur Erweiterung der
eigenen Handlungskompetenzen)

Hildegard Ressel
Was ich wirklich brauche
Scherz Verlag, Bern (190 S.)
(das Leben innerlich und äußerlich
entrümpeln und Ballast abwerfen)

Gabriele Stöger/Mona Vogl
Gewonnen wird im Kopf, gestol-
pert auch!
Orell-Füssli Verlag, Zürich (175 S.)
(7 Strategien gegen Selbstdemontage;
innere Widerstände und Blockaden
überwinden)

Doris Wolf/Rolf Merkle
Gefühle verstehen, Probleme
bewältigen
PAL-Verlagsges., Mannheim (160 S.)
(für Laien zu den Themen Motivation, Ängste, Depression, Selbstbewusstsein, Eifersucht, Ärger, Sex)

Christ Zois/Patricia Fogarty
Glück ist machbar
Heyne Verlag, München (270 S.)
(Befreiung von emotionalen „Altla-
sten"; verborgene Gefühle; innere
Abwehr)

Thema:
URSACHEN/KOMORBIDITÄTEN

Stichwort: Depression

Rolf Merkle
Wenn das Leben zur Last wird
PAL-Verlagsges., Mannheim (120 S.)
(Selbsthilfe-Buch für Laien zum
Thema Depression)

Stiftung Warentest
Depressionen überwinden
Stiftung Warentest, Düsseldorf
(263 S.)
(ein Ratgeber für Betroffene,
Angehörige und Helfer, mit sensi-
blen Fallbeispielen)

Stichwort: Zwang

Burkhard Ciupka
Zwänge
Walter Verlag, Düsseldorf (150 S.)
(ein Klasse-Buch zum Thema
Zwänge: Ursachen, Therapie-
methoden, Selbsthilfegruppen)

Reinhold Ruthe
Wenn Zwänge das Leben
beherrschen
Brendow Verlag, Moers (110 S.)
(Denkanstöße zum Thema Zwänge
unter Einbeziehung des christlichen
Weltbildes)

Stichwort: ADHS (ADS/ADD)

Aufmerksamkeitsstörung/Hyperaktivität e.V. (Hrsg.)
Aufmerksamkeitsstörung! – Was nun?
Aufmerksamkeitsstörung/Hyperaktivität e.V., Postfach 60,
91291 Forchheim (120 S.)
(Sieben Fachleute zum Thema Erwachsene mit ADHS)

Edward Hallowell/John Ratey
Zwanghaft zerstreut
Rowohlt Verlag, Reinbek (445 S.)
(praxisnah, humorvoll, umfassend, vollgepackt mit Fallbeispielen – das Super-Buch zum ADHS)

Thom Hartmann
Eine andere Art, die Welt zu sehen – ADD
Verlag Schmidt-Römhild, Lübeck (170 S.)
(ADDler als Jäger und Sammler; ADDler und ihre starken, erfolgreichen Seiten)

Thom Hartmann
ADD: Veränderungen selbst bewirken
Verlag Schmidt-Römhild, Lübeck (192 S.)
(einfache Übungen, die Ihr tägliches Leben verändern werden)

Sabine Kettler/Franz Wegener
ADD, ADHD und Ritalin
Kulturförderverein Ruhrgebiet e.V., 45964 Gladbeck (94 S.)
(Fünf Männer und eine Frau berichten offen und ehrlich aus ihrem privaten und beruflichen Leben)

Klaus Skrodzki/Krista Mertens (Hrsg.)
Hyperaktivität – Aufmerksamkeitsstörung oder Kreativitätszeichen?
Borgmann Publishing, Dortmund (360 S.)
(mehr als 20 Fachleute diverser Disziplinen geben ihr Statement zum ADHS)

Lynn Weiss
Eins nach dem anderen
Brendow Verlag, Moers (224 S.)
(wie ADDler glücklich und zufrieden mit sich und anderen leben können)

Stichwort: Sucht

Werner Gross
Hinter jeder Sucht ist eine Sehnsucht
Herder Verlag, Freiburg (236 S.)
(Alltagssüchte erkennen und überwinden)

Stichwort: Borderline

Jerold J. Kreisman/Hal Straus
Ich hasse dich – verlass mich nicht
Kösel Verlag, München (280 S.)
(genaue, einfühlsame Einblicke in die schwarz-weiße Welt von Menschen mit einer Borderline-Störung)

Stichwort: Empirische Untersuchungen

Gisela Steins
Was verbirgt sich hinter dem Phänomen Messie?
Untersuchungen zur Deskription einer Desorganisationsproblematik, in: Zeitschrift für Klinische Psychologie, Psychiatrie u. Psychotherapie, 3/2000
(der erste deutschsprachige Beitrag mit wissenschaftlichem Anspruch zum Thema Messies)

Thema:
ANGEHÖRIGE/SELBSTHILFE-GRUPPEN

Anonyme Messies Deutschland e.V.
Info-Material für Selbsthilfegruppen
Anonyme Messies Deutschland e.V.
– Büro Berlin
c/o Hans-Joachim Kalthaus, Putbusser Str. 43, 13355 Berlin
Fon 030 – 46 49 94 09
Fax 030 – 46 49 94 19
(Einsteiger-Infos, AM-Rundbriefe, Material für Gruppen, Kontaktadressen und mehr)

Sandra Felton
Lass uns das Chaos überleben
Brendow Verlag, Moers (176 S.)
(das Buch für die Angehörigen von Messies)

Sandra Felton
Neuer Mut im Alltagschaos
Brendow Verlag, Moers (145 S.)
(für Messie-Selbsthilfegruppen; in der Tradition des 12-Schritte-Programms aufgebaut)

Thema:
VERMÜLLUNGS-SYNDROM

Vera König
... und morgen wird alles anders
R.G. Fischer Verlag, Frankfurt/M. (134 S.)
(die harte Autobiographie einer Frau, deren Mutter am Vermüllungssyndrom leidet)

Renate Pastenaci/Peter Dettmering
Das Vermüllungssyndrom
Verlag Dietmar Klotz, Eschborn (134 S.)
(das erste deutschsprachige Fachbuch zum Thema)

Thema:
ZUM SCHMÖKERN

Sandra Felton
Kraft für den neuen Tag
Brendow Verlag, Moers (128 S.)
(Meditationen für Messies; nach mehreren Schlüsselwörtern aufgeteilt)

William Kotzwinkle
Fan-Man
Rowohlt Verlag, Reinbek (155 S.)
(Avantgarde-Roman über einen abgedrehten Chaoten)

James Leith
Schöne Frauen sind mir lieber
Bastei Lübbe, Bergisch Gladbach
(320 S.)
(Roman: James wird von seiner Kar-
rierefrau dazu verdonnert, der Hausmann zu sein ...)

Andreas Schendel/Lola Renn
Lotte und die Wüstenfreundschaft
Bajazzo Verlag, Zürich (118 S.)
(Lotte, das Mädchen mit den Mes-
sie-Eltern; eigentlich ein Kinderbuch
und eigentlich auch ein Buch für
Erwachsene)

ADD bei Erwachsenen

Lynn Weiss
Eins nach dem anderen
Das ADD-Praxisbuch
für Erwachsene

Paperback, 208 Seiten
ISBN 3-87067-833-X

ADD (ADS) ist keine Kinderkrankheit, sondern auch unter Erwachsenen weit verbreitet:

♦ Impulsivität, Hyperaktivität und Unruhe
♦ Unkonzentriertheit und leichte Ablenkbarkeit
♦ Starke Stimmungsschwankungen
♦ Überempfindliche und gereizte Reaktionen
♦ Probleme mit Ordnung und Organisation
  (z. B. Messies)

Dieser praktische Ratgeber ist ein umfassendes Handbuch zum Thema und beantwortet die wichtigsten Fragen. Anhand fachlicher Informationen und persönlicher Lebensberichte zeigt die Autorin Wege, wie Menschen mit ADD glücklich, zufrieden und wieder im Einklang mit sich selbst leben können.

Die Chaos-Klassiker von Sandra Felton
(nicht nur für Frauen)

Im Chaos bin ich Königin
Überlebenstraining im Alltag
Paperback. 180 Seiten.
ISBN 3-87067-556-X

♦ Wie denken Messies?
♦ Ursachen für Unordnung und Zwanghaftigkeit
♦ Das Messie-Denken überwinden

Ohne Chaos geht es auch
Das ultimative Praxisbuch für Messies
Paperback. 160 Seiten.
ISBN 3-87067-639-6

♦ Messietypen
♦ Zielgerichtet leben
♦ Mount-Vernon-Methode
♦ Arbeiten mit System
♦ Organisationstipps

Laß uns das Chaos überleben!
Hilfen für Menschen,
die mit Messies leben
Paperback. 176 Seiten.
ISBN 3-87067-676-0

♦ Zusammenleben mit einem Messie
♦ Messies verstehen
♦ Wie kann ich praktisch helfen
♦ Widerstand begegnen

Im Chaos werden Rosen blühen
Tipps und Tricks für Messies
Paperback. 192 Seiten.
ISBN 3-87067-608-6

♦ Wiedererlangung der Würde
♦ Taktiken im Kampf gegen das Chaos
♦ Problembereiche
♦ Tipps und Tricks

Das Chaos ist besiegt!
Mit Kreativität und Pfiff den Alltag im Griff
Paperback. 240 Seiten.
ISBN 3-87067-724-4

♦ Denkstruktur eines Messies
♦ Partner und Kinder
♦ Messie-Burnout
♦ Minuten-Messie
♦ Innenarchitektur

Schritt für Schritt aus dem Chaos
Das Arbeitsbuch für Messies
Paperback. 96 Seiten.
ISBN 3-87067-774-0

♦ Mit 26 Schritten aus dem Chaos
♦ Ziele formulieren und erreichen
♦ Gedanken und Umwelt verändern
♦ Rezepte gegen das Zaudern

Brendow.
VERLAG + MEDIEN